A step by step guide to making a lot of money

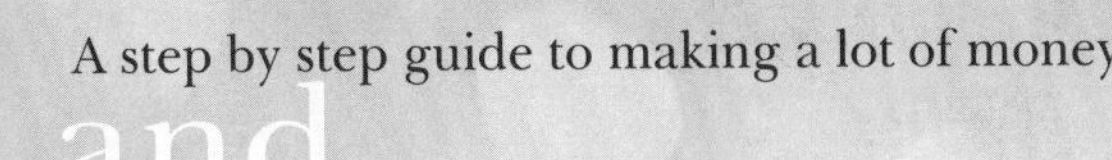

WINK and GROW RICH

瞬間啟動財富力

揮別窮忙的29個致富思維

全球趨勢大師
羅傑．漢彌頓（Roger Hamilton）/ 著
王莉莉、許耀仁 / 編譯

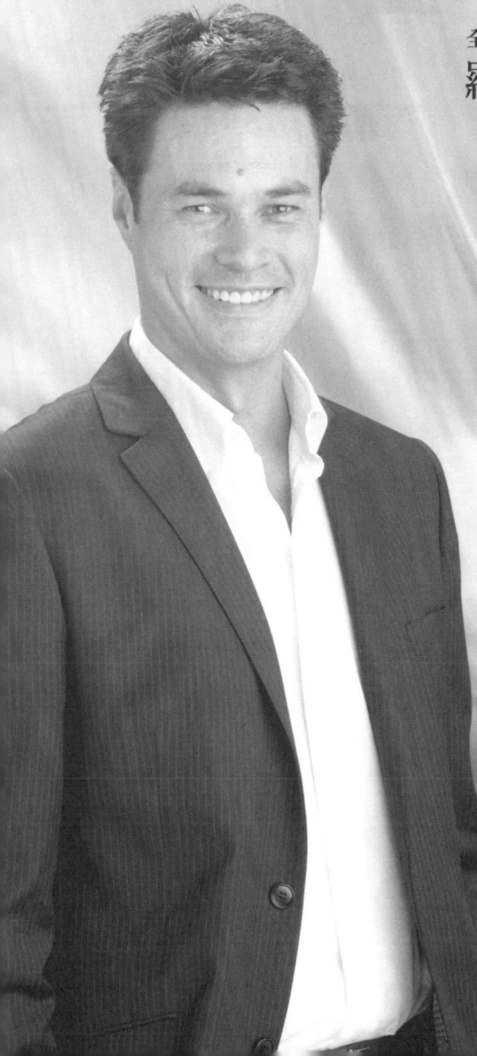

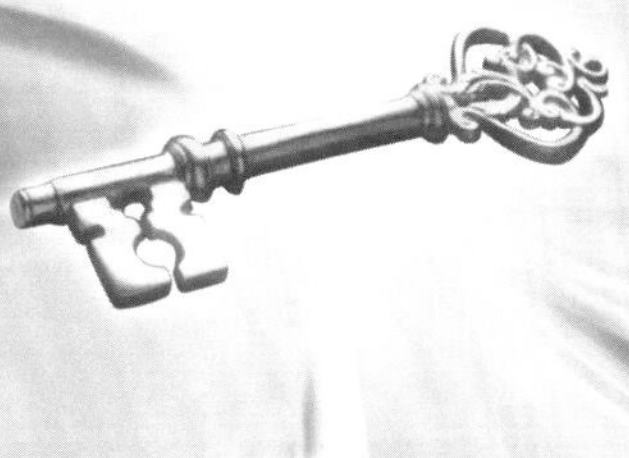

「Wink」

一本永遠不會過時的現代寓言致富書

羅傑·漢彌頓——著

WINK and GROW RICH——
A step by step guide to making a lot of money

誰該閱讀「Wink這本書」？

本書英文版上市後的18個月在東南亞就已經成為暢銷書。那麼，都是誰在閱讀《Wink》呢？

尋找解開財富之鑰的人會買這本書。這些人也會買來送給他們的朋友和家人。創業家會買這本書給他們的團隊成員。保險公司和房地產公司會買這本書給他們的經紀人。直銷團體會買這本書來激勵他們的下線夥伴。公司會買這本書送給他們的顧客。

在你讀完此書後，想想看你認識的人當中，有誰是最能從書中得到收穫的？可以買一本送給他們，或是借他們看。財富只是開始，不是結束！

推薦序

第一次接觸到Roger的「財富原動力」，是在2011年初，我到耀仁老師淡水的家裡聊天。當時耀仁老師正在準備引進「財富原動力」的系統，而我則正好因為工作上遇到瓶頸在尋求突破中，在這樣的機緣巧合下，我很早就接觸了這個系統。

由於初創業時，公司員工人數很少，讓我也習慣了事必躬親，即使後來公司成長到數千萬月營業額的規模時，我仍然改不了這個習慣，總是不放心把事情交給別人，也讓自己的時間從早到晚都被排得滿滿，幾乎沒有任何私人時間。

經過耀仁老師的分析，我屬於「外傾」及「直覺思維」類型的人。例如，我很少能靜下心來在電腦前工作一小時以上，即使勉強自己撥出時間坐在電腦前完成特定的文書工作，往往當天就會覺得能量耗盡。但相反的，如果在一整天的出差中安排兩個城市，四、五個會議行程，像這樣一般人可能覺得精疲力盡的行程安排下，我卻仍然可以精力充沛。此外，我擅長於天馬行空的市場行銷創意，常常可以用很特別的創意，做出成績優異的廣告案，但是對於重複性的日常例行工作，我不但本能地逃避去執行，即使非要勉強自己去做，也經常會出錯。

耀仁老師告訴我Roger的「財富原動力」系統中，一個非常重要的概念，我應該「把大部分的時間和精力都用來做自己擅長的事，而把自己不擅長的部分交給別人去做」。即知即行的我，當下就下了一個大膽的決定，我決定從此不再做任何「內傾」型和「感官思維」型的人擅長的工作，並且將這些事交到團隊其他成員手上，我則專心的做「外傾」和「直覺思維」型的工作。

自從專注在自己擅長的事，我的能量明顯提升，生活變得更快樂，工作量也大幅減少，更令人訝異的是，跟隨「財富原動力」中的工作原則，竟讓我公司的業績在半年內成長了三倍多。我不但沒有因為放手這些工作而影響到公司成長，反而讓公司成長的速度更快，這麼簡單的系統，卻可以對我的人生這麼快速的產生如此大的影響力，我也因此開始認真的研究起Roger的「財富原動力」和「財富光譜」系統。

這次讀了「Wink and Grow Rich」這本書的譯作，書中除了對Roger的這兩套系統再次清楚說明外，更值得推薦的是，Roger用非常容易理解的寓言故事和圖畫，重新詮釋了所有關於獲得財富自由必須具備的所有知識，以如此淺顯易懂的方式來詮釋生硬的財富管理知識，使得入門者到進階者都能從這本書中獲益良多。

從小到大，我們讀過了許多書，學習了許多知識，但當時日久遠後，我們真正還記得的，往往只是幾個寓言故事。

Roger書中這些寓言故事和圖畫，在我的腦海中留下的記憶深刻度，以及書中的重點筆記，未來在我人生中被重複憶起和使用的機率，一定遠遠超越其他的書籍內容。「Wink and Grow Rich」對於想要提升財富水位的每一個人，確實是一本必須收藏的好書！

遊戲界創業神話
總經理

歡迎你，感謝你閱讀這本書。

請注意，這不是一個普通的故事。真正的故事不在故事裡。真正的故事是故事背後一個神奇的故事，等待著被揭曉。那代表著只有重複閱讀才能發現。要閱讀到第五遍還是第十五遍才能挖到寶藏則是在於你自己。

所以，請多使用這個故事，如同你在灌溉一般。你灑的水越多，你收成的越多。

使用方法：

使用

洗滌

重複

結局就在序幕裡

STORY

Part1 尋找財富之鑰

THINK & ACTION

Part2 啟動未來財富的29條筆記

Contents
目錄

Part3
HOW TO
找到自己的財富之流

「宇宙中充滿了神奇的事物，
耐心地等待讓我們變得更有智慧。」

亞當・菲利蒲特

Part1 Story

尋找財富之鑰

第一章 很久很久以前……

人們不太看重自己的力量，這就是他們軟弱的原因。——高爾基

「太不公平了！」

「我病了，而且累壞了。」

這是理查的父親，又病又累。事實上，他的病讓他疲累不堪，而他也厭倦了這麼累。公平嗎？理查的父親做了一輩子的木匠。他總是希望得到財富，但是卻從來沒有得到過。為了享有財富，他更努力工作，而壓力最後將他壓垮。

他徹底破產，而且病倒在床上。

「理查，過去這二十年來，我每天都去造訪財富之井，並且投下一塊錢。今天，我需要你的幫忙。這裡有一塊錢。兒子，去買一桶財富之井的水來。我就只能靠你

了。」

理查今年九歲。他為父親感到難過，而且有一點害怕。全家的財富現在落在他手上，就是這一張紙鈔。這一塊錢是他們家致富和父親恢復健康的關鍵。他雙手拿著皺掉的紙鈔，仔細地聆聽父親的建議：

「好幾世紀以來，這個村裡的人們已經養成每天去造訪財富之井的習慣。兒子，只對『財富之井』慷慨，那麼它會更慷慨地回報你。」

財富之井

改變的力量源自於決定。

——安東尼・羅賓

當理查走在通往財富之井的小徑上時，他很納悶為什麼財富之井不肯豐盛地回饋給他的父親或是村裡其他大部分的人。他們許多人的財務狀況比他父親還糟。沒錯，他們每天從不間斷地去財富之井汲取一桶水。但是，就他所知，他們所做的就是把水喝光而已。

然而，他沒有沈思太久，因為走沒多久，他就來到了一個叉路口。有一位老婦人坐在折疊椅上，享受著清爽的春天氣息。她手上拿著一杯冰水。理查停下腳步。

「年輕人，我能為你做什麼呢？」

「妳能不能指引我通往財富之井的道路？」理查拿出手上的一塊錢，有點大聲地問。

「哦，這個嘛！你想要有錢嗎？那你什麼時候會知道你擁有財富了呢？」

理查一臉茫然地看著老婦人。老婦人眼睛閃爍著慧黠的光芒，微笑著繼續說：「你願意付出多少努力來達到富有呢？」

「哦！要多努力都可以！我爸爸辛勞工作了一輩子，仍舊是個窮光蛋。所以我猜，我必須比他更努力才行。」

「那麼你會希望走這條路。去找驗光師吧。」

理查看著這條小徑。小徑雜草叢生，比起它旁邊的另一條筆直大道似乎較不討人喜歡，那是一條舖設完好，大到足以讓一隻大象通行的大道。這讓他想起父親常喜歡講的一句話：

「**筆直的大道，絕不會讓人迷路。**」

但是，老婦人眼中的慧黠光芒讓理查決定還是要試試這條滿佈雜草的小徑。

在他上路之前，老婦人把一本小筆記本和一枝筆放在他空著的那隻手裡，同時對他說：「這一路上，你所聽到的事，都要認真思考。思考的同時，用這枝筆把聽到的事都寫進筆記本裡，記錄下來。」說完之後，她伸出手要理查把手上的一塊錢給她。

錢一直都在理查手上。理查伸出手，把錢交給老婦人，然後，很快地在筆記本裡把用一塊錢買來的這句話寫下。

這句話是：

「*1.思考它，記下它。*」

他一邊走，一邊開始思考。老婦人叮囑他的話，好像跟父親一貫教導他的事不太一樣。很快地，他發現自己走進一座森林。他四處尋找驗光師的蹤影。

驗光師

運用思考改變自己的命運。——傑克・威爾許

不久，理查在樹林裡看到了一棟房子。事實上，它更像是一個巨大的豪宅，是他以前從未見過的。從他站的地方放眼望去，他可以看到好幾畝修剪整齊的花園、美麗的噴泉、好幾部跑車，他不確定屋頂上是不是有直升機的停機坪。

他走上前去敲門。

一個身穿白色工作服的年輕男人來應門。理查吃了一驚，但很快就鼓起勇氣，拿出他的筆記本。「你一定是驗光師。是位老太太叫我來的。我想要變得富有！」

驗光師打趣地看著理查。「哦，很好啊！你想要多有錢？」

理查像個傻瓜似地看著他，並說：「有錢到不愁吃穿。」

「哦，這很簡單！只要你能問更好的問題。」

理查想了一段時間，正準備要告訴驗光師他的父親對於穿白袍的男人有什麼想法時，他突然想到剛才驗光師給他的建議，於是他問了一個更好的問題。

「那您有多富有呢？」

「我有足夠的收入讓我不需要工作，我能將時間花在自己喜歡做的事情上，而且我可以透過充份發揮潛能的方式來貢獻給這個世界。」

理查面無表情地看著這個男人。

「但是，您有多少錢？」

「那很重要嗎？」

理查板起他的臉。他決定改變問題的方向。「所以，你是如何變成富有的？」

驗光師此時的眼中閃爍著一道光芒，他透露：「我讓自己成為一個更好的驗光師。」

理查聽了，有點準備要放棄變富有這件事了。因為他的父親總是說：

「如果你不懂怎麼賺錢，

你就賺不到錢。」

眼前這個男人似乎不太想賺錢。但是，驗光師眼睛裡的光芒讓他想起了老婦人。他想起了老婦人的眼睛，她坐在那裡大聲說：「很好、很好，就是這樣！」

於是小男孩問了另一個更好的問題：

「成為一個更好的驗光師如何讓您變富有呢？」

驗光師在一個很大的接待室裡的躺椅上坐了下來，並示意理查也坐下來。理查整個陷進椅子裡，不得不注意到這個躺椅竟然比他的床還大。驗光師開始講他的故事：

「我的工作是矯正人們的視力，而我的專長是矯正小孩子的視力。當一個孩子出生時視力就有缺陷的話，最初幾年會在一個模糊的世界中度過，看不到任何更好的事物。當他們戴上我配給他們的眼鏡時，他們往往會說：『原來世界是長這個樣子！』這讓我認真思考，因為我有一種感覺，好像我活在一個模糊的世界中。」

理查現在知道要問更好的問題了。「是什麼讓你有那種感覺？」

「孩子，你問的應該不是『什麼』，而是我『何時』有那種感覺。就像我說的，那時有點迷惘。我隨波逐流，我甚至每天都去造訪財富之井。於是，好幾年前，我問自己，如果我成為一個更好的驗光師，會變什麼樣子呢？」

「答案是簡單的。我會擁有清晰度、我會有焦點、我會有**願景**！正是那時候我才意識到我迷惘了。因為我沒有清楚地知道我是誰，我的人生中沒有一個明確的重點。事實上，我相當漫無目的，隨波逐流地活著。」

「我很快地意識到，每一個偉大的人物都是從一個偉大的願景開始了他們的旅程。他們清楚地看到他們身處在哪裡，以及他們需要去的地方。然後，他們聚焦心力前往那裡。所以，我決定找到我的願景。當我找到時，我的生活整個改變了。」

當驗光師講話時，理查的注意力開始不集中。他只是想知道如何成為有錢人。為什麼他還需要願景呢？很顯然地，有一些有錢人是沒有願景的。他想到他父親的願景，而正是那時他嘆了口氣。他的父親很短視以致於幾乎看不到明天之後的事。

接著，理查問了另一個問

題：「那麼，你決定更加努力地工作以成為一個更好的驗光師？」

「你真的沒聽懂我的話。我並不需要工作。我的錢在為我工作。我的投資能給我足夠的錢維持生活。我決定**成為**一個更好的驗光師，但不是**做**更好的驗光。不是我的專業使我富裕，而是發現到我真正的願景讓我變得富有。」

「讓我給你看一個東西。」驗光師俯身向前，在理查的筆記本上寫下：

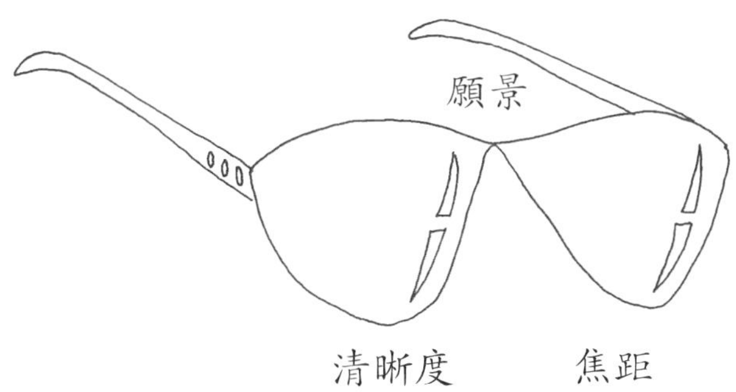

你的溝通品質是什麼？

溝通的四個層次

1. 交流
2. 連結
3. 激勵
4. 啟發

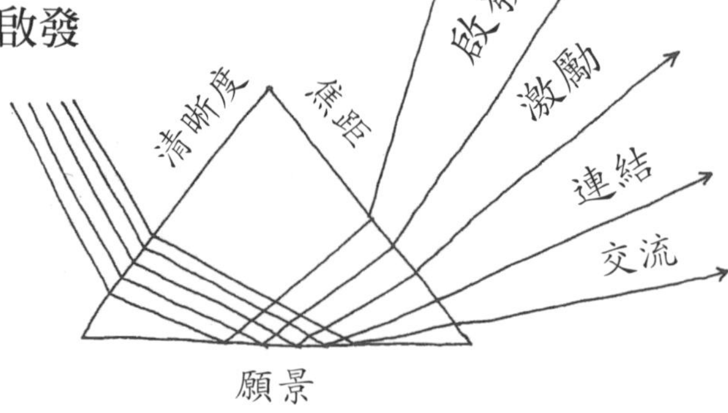

溝通的品質＝生活的品質

「現在的人很少可以不靠任何資源而憑空變得富裕。你的財富將來自你周圍的人的時間、天賦、興趣和資源。那意味著你的溝通能力將是成功的關鍵。而溝通有四個層次，而你選擇想要到達的層次。」

驗光師指著第一個層次。「大多數的人只會選擇**交流**，這意味著他們可以花幾個小時沒有目的地抱怨或聊天。人們喜歡交流，但沒有人因為交流而成為有錢人。」

他接著指第二個層次。「有些人選擇要看得更清晰，而當他們這樣做時，他們在關係中建立了意義和價值。他們與周圍的人**連結**，從而吸引更多的關係和合作。這些人都是偉大的團隊成員，而且將成為你最大的部分資產。」

「一小群的人選擇積極、主動地過他們的生活，而他們創造出一個其他人可以靠近的亮點。這是第三個層次。這些人都是領導者。他們**激勵**，從而創造了連結和動能。」

驗光師自豪地指著第四個層次。「這是我選擇到達的層次。當你**啟發**他人時，你成為領袖中的領袖。為了啟發他人，你需要願景，這是毫無疑問的。當你到達這個層次，你的願景就成為你的領導基石。你的財富關鍵就是——學習如何帶領領導者。」

理查準備好要問下一個問題了。「所以你的願景是什麼？」

驗光師用奇怪的方式回應他。他微笑，眼睛閃爍著，眨了眨眼。

「那你的是什麼呢？」

沒有人這麼問過理查。畢竟，他只有九歲。他意識到自己沒有願景。他沒有清晰的願景，也沒有準確的焦距。他的願景還是相當模糊的。

然後，他想起老婦人問過的問題。他說：「如果我去尋找我的願景，我要怎麼知道我已經找到了？」。

「當你找到你的願景時，一切都會突然變得清晰起來。你會環顧四周，並說：『是的，世界應該就是**這個**樣子！』那就是你將開始吸引到人、機會以及你渴望的財富的時候。」

理查仍抱持懷疑態度。這聽起來很抽象。驗光師如何只用「看得更清楚」而變有錢呢？沒那麼容易的。他想到他的爸爸說過：

「**錢並沒有長在樹上。**」

而爸爸一定知道。畢竟，他是一個木匠，一個很好的木匠。爸爸可以把樹木變成美麗的桌子和椅子。他可以把樹木變成漂亮的門框和窗架。（爸爸幾乎可以把樹木變成任何東西，除了錢之外。）

理查想到財富之井。那是錢的來源所在。他問驗光師：「所以即便你現在這麼有錢，你仍然會去造訪財富之井嗎？」

驗光師笑了起來。「當我不再去造訪財富之井時，我開始變得富有。財富之井不在你以為的地方，孩子。我變得富裕是在我找到我的清晰度、焦點與願景之後。」

「那你是怎麼找到那些的？」

「你應該去見見水管工人。我就是在他那裡找到答案的。」

理查思考著那句話。他覺得這遠遠超出他所能理解和接受的範圍。他覺得自己好像離他父親要他去拜訪的財富之井越來越遠。他可以選擇現在回頭，或是繼續這個旅程。他的父親會怎麼說？他似乎可以聽到父親說：

「**真實地面對自己。**」

理查看著驗光師。「我父親說要真實地面對自己。如果我可以真實地面對自己，為什麼我還需要找到願景呢？」

驗光師笑了。「你的父親有真實地面對自己嗎？」

「他當然有囉！」理查語帶防衛地回答。

「那他是忠於過去的自己還是未來的自己呢？」

理查不喜歡這個陌生人問有關他父親的事，於是移開了他的視線。

「理查，你父親說的是對的，但你得自己去驗證這些話對你而言的意義是什麼。如果你只是真實地面對過去的自己，那麼你仍然是原來的你。如果你決定真實地面對未來的自己，那麼你的生命將會改變，而且無可限量。」

驗光師俯身向前，理查回頭看了他一眼。「如果你只是想真實地面對過去的你，記憶力夠好就足夠了。然而，你將注定只能像今天的你一樣。」

「但是，如果你致力於並忠於未來的你，你會需要願景。沒有願景的話，你只是踏上一個沒有目的地的旅程而已。你會漫無目的地尋找答案，最後只找到你已經知道的東西。當你的願景強過於你的記憶時，你的未來會變得比你的過去更加珍貴。」

理查站了起來。「好，我會去找到這個水管工人。但首先，我有另一個更好的問題。你所說的事情當中，哪一件是最實用的訊息可以讓我帶走呢？」

驗光師回答說：

「你自己對於將來想要成為什麼樣的人，這個願景是你最大的資產。很少有人能體會到這一點。投資時間釐清你的視野。一旦你專注於你的視野，當它成真時，這份資產會變得很珍貴，你就可以開始用它來做交易。甚至只是交易很小的一部分，你就能達到你所渴望的富裕了。」

「你能不能說得更簡單一點？」

「當然可以。選擇你想要到達的層次。你所看見的就會是你所得到的。學習看見更好的，那麼你就會得到更好。」

理查的眼睛瞪大了。「學習去看到更好的，那麼你就會得到更好的！」突然間，驗光師撥動了理查內心深處之弦。他的家庭向來收入極少。他的父親是這麼努力地工作著！而因為工作這麼辛苦，以致於父親沒有時間去思考所能到達的層次。因為這麼辛勤地工作，以致於他沒有時間去學習如何看得更清楚。」

如果驗光師說的全是事實，那麼理查的父親把時間花在努力工作上，而不是學習看得更清楚，反而沒有讓他們更富裕，而是讓他們繼續陷在貧窮之中。

理查把它寫下來，感覺有點通了：

「2. 選擇你想要到達的層次。」

「3. 你所看見的，就會是你所得到的。」

理查用期待的眼神看進驗光師的眼睛。他可以看得很清楚，知道驗光師生活在不同層次的清晰中。他現在可以看得很清楚，他明白如果他想提升自己的水平，他需要問更好的問題。當想到之前問老婦人和驗光師的問題時，他不禁笑了。他明白每一個他提出的更好的問題都能為他的旅途打開另一扇門。他寫下：

「4. 開口詢問，你就會得到答案。」

他感謝驗光師，然後離開去找水管工人。

水管工人

別把成功看得太複雜。 ——傑夫・貝索

這段路程他沒有走很遠。就在他正想著驗光師剛才所講的話有沒有道理時，他遇到了一個膝蓋泡在噴水池中的水管工人。他好像在跳舞的樣子。

「你一定是水管工人。是驗光師叫我來找你的。你能幫助我變得富有嗎？」

水管工人看著理查說：「當然！進來我的辦公室吧。」

理查停頓了一秒，然後脫下鞋，把他的筆記本拿高，走進噴水池中。

「我們一定要在這裡談嗎？」

水管工人給了他一個疑惑的眼神。「如果你不知道財富的感覺是怎麼樣，你要如何去了解財富呢？」

「站在噴水池裡是了解財富？」

「不是，而是學習如何被淋溼卻不用擔心。財富就在我們身邊，但我們大多數人都太忙著尋找，反而沒有注意到它。而當我們接近財富時，我們竟突然害怕被淋濕。」

理查用一個聰明的問題來回應：「如果我不會游泳呢？」

「那就更有理由被弄濕和學習。你認為筆記本會教你游泳嗎？」

理查看了看筆記本，回答說：「思考它、記下它。」

水管工人回答：「思考它、記下它、實踐它、檢視它。」他轉身，且拿起扳手。「學習是一項遊戲競賽。記住這一點。當然，你必須在陸地上設計好你的藍圖，把它記下來，但隨後你要跳進、潛進水中或游泳。然後上岸和檢視發生了什麼事。問問可以如何改善，然後重做一遍。你隨時都可以學習。若是試圖只想安全地待在岸上、不弄溼身體卻想學會游泳，只是在自欺欺人而已。」

理查在他筆記上的第一條增加了一些內容，並增加了另一條：

「1. 思考它、記下它、實踐它、檢視它」

「5. 學習是一項遊戲競賽」

「那麼你的願景是什麼，它有讓你富有嗎？」理查問。

「當然有。我是一個水管工人。我熱愛水管工程。我的願景是擁有水力發電機系統來取代燃料發電站。你知道的，就是那種可以100%自動供水的系統。」

「那就是你致富的方式？」理查有點疑問。

「我透過成為一個更好的水管工人而變得富裕。」

理查繼續等他說。這聽起來有點像驗光師的故事了。

「我自己擁有一個管道工程事業。當我的員工為每一個客戶服務時，我的維修水電工程服務事業也同步運作。我那時與一位傑出的經理人合夥，經銷我們的服務。我將維修工程的部分所得重新投資，推出了物業發展公司，如今創造出比原先維修服務事業雙倍的現金流。」

「我將企業中約40%的月現金流，用來支付我的費用，其餘的40%轉投資。我也把20%放在我的『寵物事業』上——水力發電系統。」

水管工人似乎有足夠的清晰度和明確的焦距。但理查無法理解他的願景如何使他富有。事實上，這似乎讓他花費蠻多的。但在他想通之前，他有一句更想直接問的話：「這聽起來像是你透過成為一個更好的商人，而不是一個更好的水管工人才致富。」

水管工人笑了起來。「我對事業沒有熱情。我對管道工程有熱情。所以，我想成為一個更好的水管工人。」

理查的表情很困惑。

「我會詳細說明。管道工程對我來說是易如反掌。我可以解決管線問題。我熱愛管道工程。當提到賺錢、管理及其他事業的事情，我總是會失去興趣，覺得無聊。」

「然後，我決定**成為**一個更好的水管工人。我把我的熱情散播給我人生中重要的領域。富裕是重要的，所以當我把財富創造視為是一個簡單的管道系統，它讓我充滿了熱情。有趣！孩子，一定要有趣。」

他坐在噴水池的一旁，並開始在理查的筆記本上畫。他畫下：

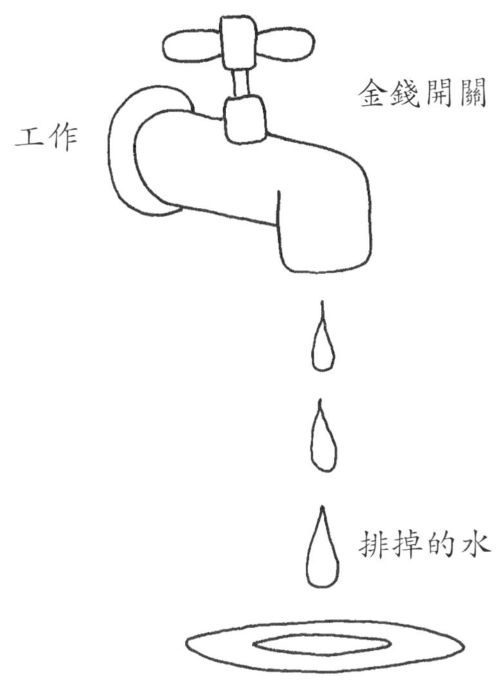

「現在，我意識到的是，不管我賺了多少錢，它總是會消失。這是我的金錢開關，而所有的錢會流光。我花光了一切。身為一個差勁的水管工人，我所能做的只是試圖把水龍頭開得更大。而它只意味著流掉更多的錢。」

對理查而言，這聽起來好像他的父親，也像是所有從財富之井汲取出的一桶一桶的水一樣。

「因此，作為一個更好的水管工人，我將部分的錢存起來，就是把水桶裝滿，但僅此而已。然後為了成為一個還要再更好的水管工人，我將部分的錢用做投資。當我的積蓄存在水桶中時，我的投資創造了新的金錢開關。我的錢開始賺錢。」

「我很快就明白，我花掉的每一分錢從來不會再回來，而投資和再投資的每一分錢開始給我不斷增加的回報。身為一個好的水管工人，我只要保證我所增加的現金流是用來投資。那代表投資在我的企業、我的員工，以及我自己身上。我開始是用10％的現金流投資，三年後已成長到40％，而六年後高達60％。」

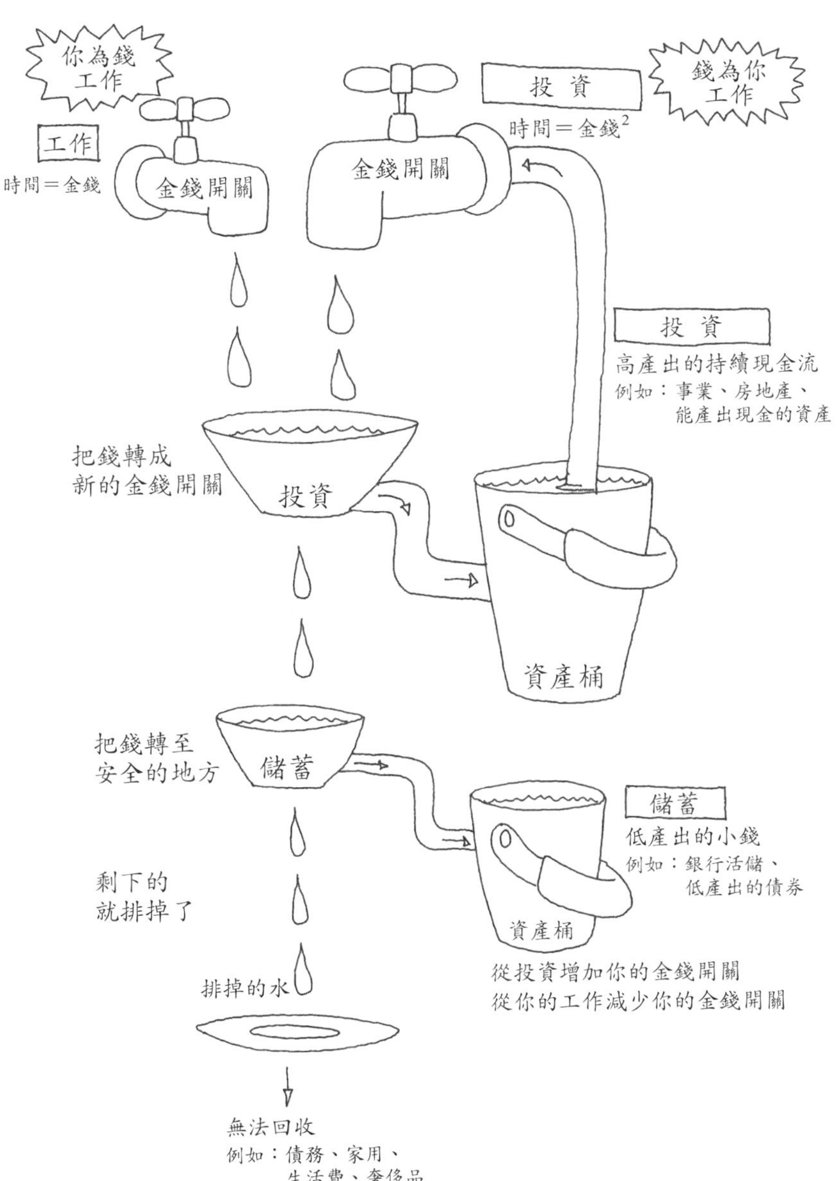
你為錢
工作
工作
時間＝金錢
金錢開關
金錢開關
投 資
時間＝金錢²
錢為你
工作
投 資
高產出的持續現金流
例如：事業、房地產、
能產出現金的資產
把錢轉成
新的金錢開關
投資
資產桶
把錢轉至
安全的地方
儲蓄
儲蓄
低產出的小錢
例如：銀行活儲、
低產出的債券
資產桶
剩下的
就排掉了
從投資增加你的金錢開關
從你的工作減少你的金錢開關
排掉的水
無法回收
例如：債務、家用、
生活費、奢侈品

「我的投資及事業的金錢開關所產生的現金流也超出我自己工作所賺得的金錢。所以，我可以不用在我的公司工作，並開始經營我的賺錢系統即可。當然，如果我沒有決定要成為一個更好的水管工人，這一切都不可能發生。」

理查不會那麼輕易就相信。他知道他的爸爸每個月有存了一點錢，並試圖重新投資。但他能投資的錢不多，而且他似乎賠掉了跟投資差不多的錢。

「我能理解你的管道系統是如何運作的，因為你有東西可以從你的金錢開關流出來。但是，如果它滴光，就像我父親的一樣時，該怎麼辦？這得花他一輩子的時間填滿他的投資桶，並開始另一個金錢開關。即使如此，仍只是滴完而已。」

水管工人笑得很開心。「所以，給我一個更好的問題吧。」

理查思考著。他告訴老婦人說他願意努力思考，但他沒有預料會是這麼難的工作。他更絞盡腦汁了。

「我如何才能不用資金就創造一個金錢開關呢？」

「非常好。你要開始去打造某個比金錢更寶貴的開關。」

「呃……黃金？」

「時間。我們都有從時間開關所流出的同等時間。諷刺的是，那些看重金錢更甚於時間的人永遠不會變得富有。那些珍惜時間甚於金錢的人隨時都能吸引財富。」

理查思考這句話，但不是很了解。他坐在那裡，準備要把重點寫下來。

「我發現我是在花我的錢，而不是投資。我還發現，我在花我的時間，而不是投資。我們大多數人都是這樣。我大部分時間都流失在低價值的活動中。所以，我創造了一個更好的管道系統。」他把他的管道系統畫出來。

「現在，這個開關每天會滴下24滴水。如果你花時間在那些不會為你的生命增添價值的活動上，也許暫時會讓你感覺美好、或可以打發時間，但這些都是浪費掉的。它們消失不見了，是不會回來的。」

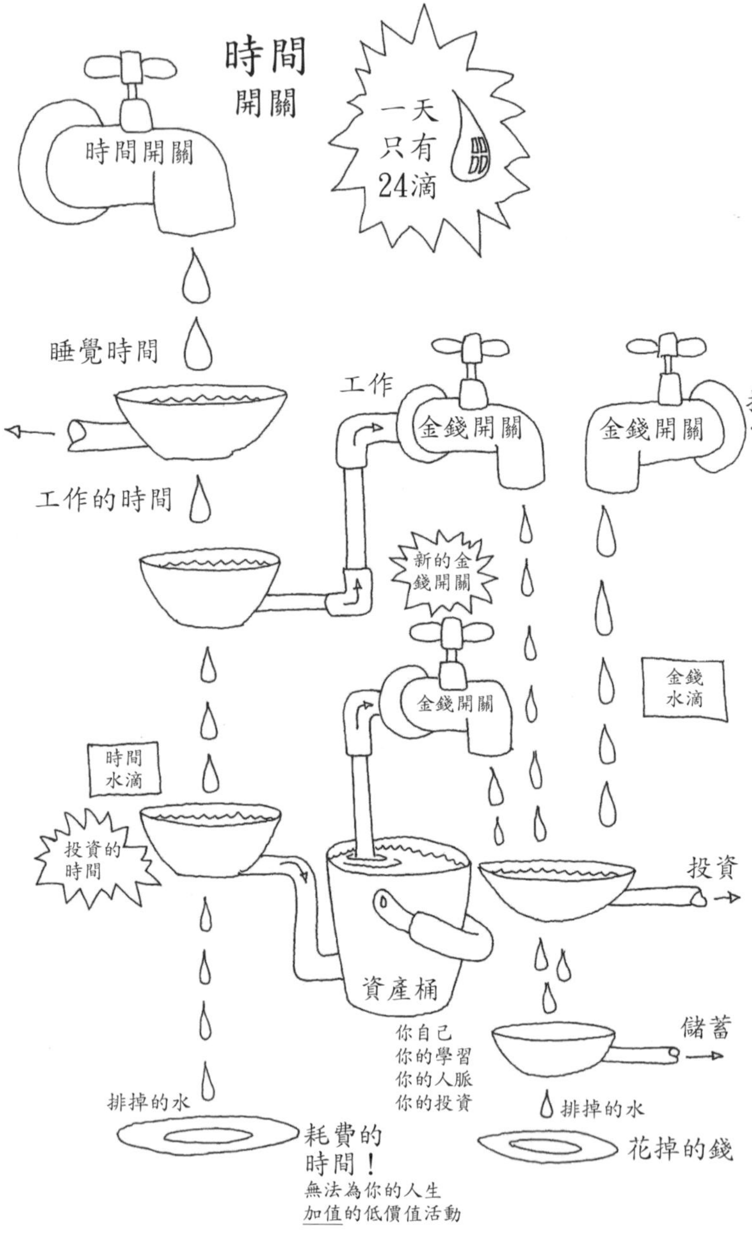

時間
開關

一天
只有
24滴

時間開關

睡覺時間

工作

金錢開關

金錢開關

投資

工作的時間

新的金
錢開關

金錢開關

金錢
水滴

時間
水滴

投資的
時間

投資

資產桶

你自己
你的學習
你的人脈
你的投資

儲蓄

排掉的水

排掉的水

耗費的
時間！
無法為你的人生
加值的低價值活動

花掉的錢

理查突然意識到，他大部分的時間都浪費掉了，他寫下：

「6. 更多投資你的時間，並把浪費掉的時間減到最低。」

「7. 多把你的金錢用於投資，並把浪費掉的錢減到最少。」

「很多人都樂意用好幾個水滴的時間來交換金錢。這就是所謂的工作。這是一個直接的交易。很多人會認為他們是投資時間培養自己的技能以及工作經驗，而他們的確得到更多的錢。但是，這是一個錯誤的投資——因為一旦你說沒時間交換或公司說沒有更多的金錢來交換時——水管就乾涸了。所以我也稱那為低價值。」

這時的理查不知道他是該感到興奮還是沮喪。父親辛辛苦苦地維持讓金錢開關開著，而現在他病了、累了，如今金錢開關已經枯竭。他一切的努力所得到的報酬就是疲憊的身體和頭痛。

水管工人繼續說，「所以，身為一個更好的水管工人，我開始把我的時間轉移到創造高價值方面的運用——移至時間的投資上。我在這裡投資的每一滴時間都會給我持續的報酬！因為就是透過這個，你的時間創造了新的金錢開關**並且**創造新的時間開關！」

理查打斷了他，「但你怎麼知道，你是在浪費時間還是投資時間？」

「當你浪費時間時，你可能會得到某種東西，但你無法建立任何東西。當你投資你的時間，一天或一週結束後，你會建立能持久的某件東西。我會跟你解釋我的意思。」

他用他的管道圖補充解釋。

「當你投資時間在自己身上，那是對你的健康、對能豐富你生活之高品質活動的投資。新的經驗和更大的能量與活力能讓你每一天更強壯。」

理查突然意識到，他的父親又病又累是因為他這個管道一直以來都是關閉的。他的父親認為運動和嘗試新的事物是浪費時間。於是，他只好選擇關閉該管道。現在，他沒有錢，而且也耗盡了他的時間。

「當你投資在你的學習上，我不是在談論學習如何**做**

更好的水管工程。我說的是學習如何**成為**一個更好的水管工人。學習有錢人的策略、習慣和思維—— 因為它是一種不同的思維方式。」

「學習如何改變你的目標和清晰度的層次。知道你的願景是什麼。這是真正的時間投資。這是你現在正在做的事。」

當理查手上拿著他的筆記本時，他思考這一點。他有把這個認為是他的時間投資嗎？不管怎樣，他泡在水中的腳趾已經開始皺掉了。

「當你投資在你的網絡中，你正在創造而且建立你的朋友、同儕以及聯絡人的網絡。你投入在照顧你的網絡的時間將會回報給你。你永遠不會知道什麼時候會需要你認識的人，以及他們所認識的人的支持。你的影響力只會像你的網絡一般大而已。」

投資你的時間

為了創造財富，學習如何投資你的時間比學習如何投資你的金錢更重要

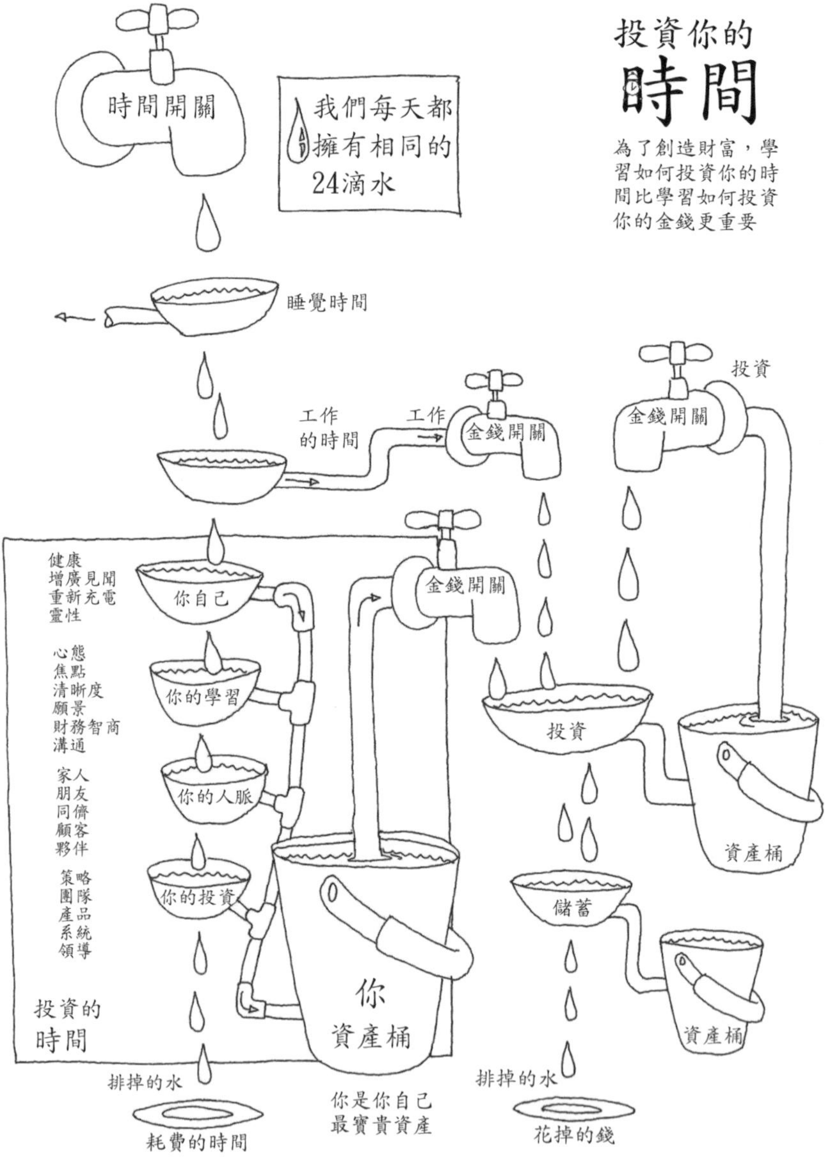

時間開關

我們每天都擁有相同的24滴水

睡覺時間

工作的時間

工作

金錢開關

投資

金錢開關

健康
增廣見聞
重新充電
靈性

你自己

心態
焦點
清晰度
願景
財務智商
溝通

你的學習

家人
朋友
同儕
顧客
夥伴

你的人脈

策略
團隊
產品
系統
領導

你的投資

金錢開關

投資

資產桶

儲蓄

資產桶

投資的時間

你
資產桶

排掉的水

耗費的時間

你是你自己最寶貴資產

排掉的水

花掉的錢

「當你投資在你的投資上時，例如你的現金投資、房產和你的企業，我說的不是花時間在其中工作。我說的是投資你的時間在選擇你的投資和創造你的事業上，以及建立它們上。投資你的時間在選擇正確的人、合適的機會、合適的產品和服務上——放在會為你工作、正確的管道系統上。所花費的時間將直接轉換成新的金錢開關。你把你的時間轉換成一個新的金錢的持續來源。」

理查點了點頭。因為就算他父親投入全部的心力工作，他仍然困在管道中的某個部分。當他停止工作，整個管道工程就停止運作了。至於投資，他知道他父親也試圖存錢和嘗試一些投資，但他從未真正投資時間在他的知識或他的網絡中。難怪他虎頭蛇尾，空空如也。

「當你投資時間在你的投資上，時間不等於錢，時間比金錢更為重要。當你投資時間來學習如何選擇更好的投資，那樣的學習可以在你的人生中持續被應用。它永遠不會消失。你投資在每一分鐘上所得到的報酬是很大的。你所花費的時間會轉換成持續的現金流。」

「你看，在我成為一個更好的水管工人前，我無法建立事業及做投資。但是在投資足夠的時間在正確的領域之後，我就可以了。」

水管工人停頓了一下，然後說：「只要告訴我一個人怎麼花費和投資他的時間，我就能告訴你他的未來。」

理查畫了一個餅圖來表示他如何浪費和投資自己的時間。這讓他感到沮喪。他接著畫了父親的圖。

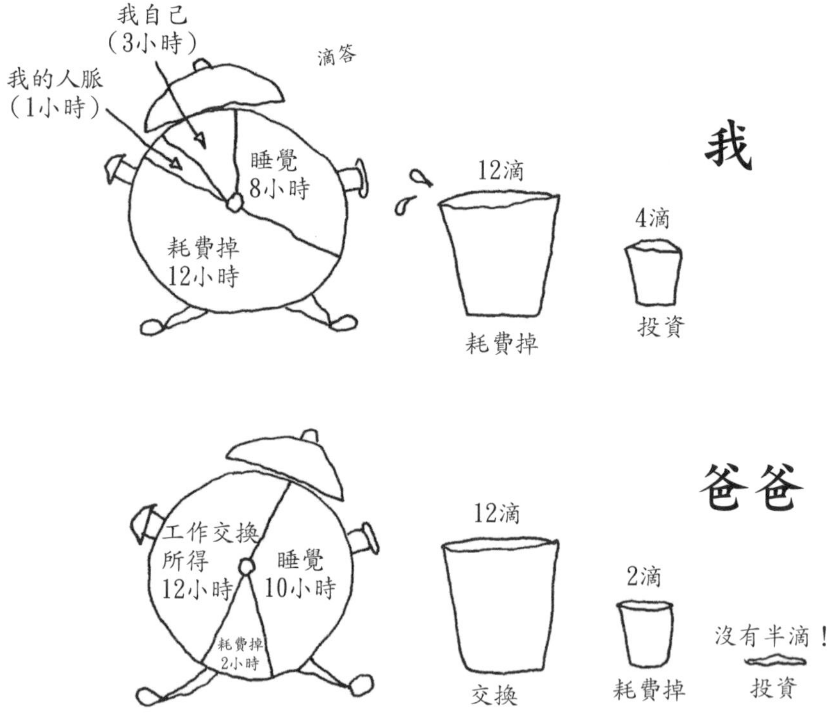

我自己（3小時）
滴答
我的人脈（1小時）
睡覺 8小時
耗費掉 12小時
我
12滴
4滴
耗費掉
投資

爸爸
工作交換所得 12小時
睡覺 10小時
耗費掉 2小時
12滴
2滴
沒有半滴！
交換
耗費掉
投資

就在那時，這名男孩意識到，他的清晰度大大地增加了。他真的是學會了。他畫了一個餅圖來說明他如何運用今天的時間：

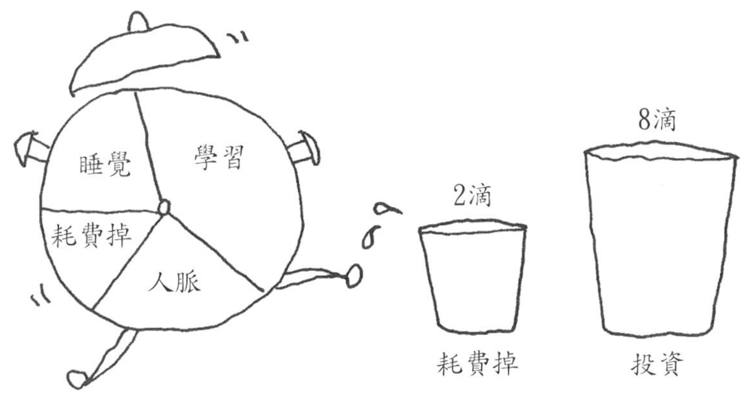

水管工人用扳手轉開水龍頭，噴水池噴出水來。他問：「你想看神奇的東西嗎？」

「但我認為我剛剛看到了。把時間變成錢不是一種魔法嗎？這意味著我可以僅透過適當地投資我的時間就擁有我渴望的全部財富。」

「當然，這很神奇。這也是很好的管道。現在，去找園丁吧。」

「謝謝你，但是在我走之前，我有一個問題。如果花在你的願景上的時間和金錢沒有讓你得到回報的話，還算是投資嗎？還有，你的願景如何讓你變得富有？」

「好，好，好！」水管工人笑著說。「 你的問題也問得越來越好了。但是這一次，我想你已經有答案了。」

理查帶著些許困惑離開了。他心裡想，如果他有答案，為什麼他不知道。他想起了驗光師說過的話，而且決定重唸一次：

★ 「*3. 你所看見的，就會是你所得到的。*」 ★

他決定他將比答應過老婦人的還要更努力思考。

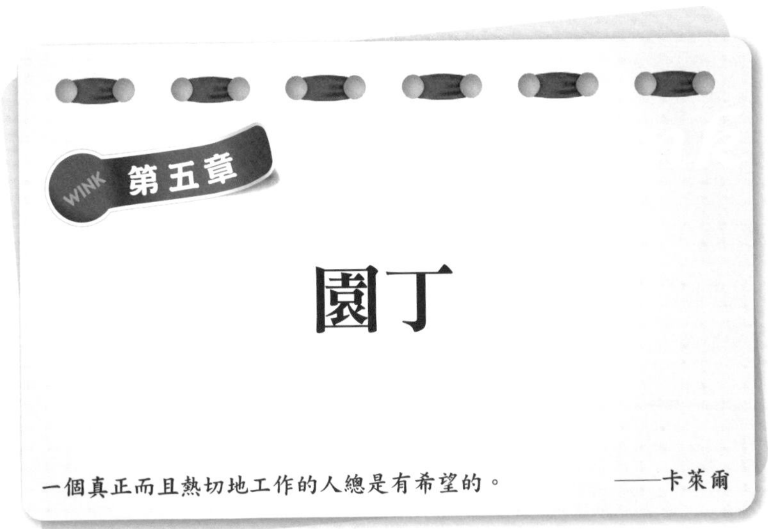

園丁

一個真正而且熱切地工作的人總是有希望的。 ——卡萊爾

要找到園丁並不困難。理查順著草坪來到河邊，河岸兩旁有他所見過的當中最美麗的花、樹籬和果樹。有一位很美麗的夫人和兩個女孩坐在芒果樹下野餐。

「妳好，我叫理查（Richard）。我剛才已經和水管工人聊過。妳能讓我知道一些神奇的事嗎？」

園丁笑了。「理查。嗯。所以，你要聽哪一種？」

「對不起，請再說一遍。」

「富有（rich）—困難（hard）。你的名字啊！生活是富有的嗎？還是生活是困難的？」

這是什麼奇怪的問題。理查沒有多想就說：「人生是艱苦的，難道不是嗎？」

這可能是他說過最愚蠢的話。

此時此刻，他坐在這美麗的花園中，在溫暖夏天的太陽照耀下，俯瞰一條潺潺的河水，感覺完全處於平靜的狀態。他怎麼會認為生活是艱難的？但他的確是這樣認為，因為他總是這麼覺得，像他的父親一樣。

溫暖的天氣籠罩著他，但他很驚訝感受到一股哆嗦。好像有什麼事情將要發生。當他看看周圍的美景，他的嘴唇顫動，像聽到父親的聲音說：「人生是艱難的。」

園丁坐著，好像在聽空氣中一些美妙的音樂。然後從她的微笑中傳來低聲的旋律「很好、很好，就是這樣……」

哆嗦轉成脊背發麻般，他理解了。理查的眼睛瞪大了，並開始流淚。

「很好、很好，就是這樣。」

這時他突然看見了魔法。

他摒氣凝神。

「很好、很好，就是這樣。」

這真的很神奇。就在他的四周。魔法一整天都在那裡，而他卻一直沒發現。現在，突然間，他看得更清晰。他所看到的這一切讓他很驚訝且徹底震撼。

他正直視這口財富之井。

幾次深呼吸後，他開始快速回憶老婦人、驗光師、水管工人和園丁一直在使用的詞語。一開始他只記得他們每個人一直在說的事，接著想起他開始問的事，以及他開始寫的筆記。

他轉過身來面對園丁，眼神中流露出興奮的神情。她看得出來，他明白了。他大聲笑了起來，喊道：「很好、很好，就是這樣！」

他跳了起來，繞著花園跳舞，逗兩個女孩開心，「很好、很好，就是這樣！這就是『財富之井』！原來你們早就都知道了！任何人都可以看到，但我們大多數人都不知道！我之前不知道，但我現在知道了！那口井就在我們的詞語中！」

「井就在我們的詞語中！」

他坐回板凳，擦拭他的淚水。「我錯了，我真的不是故意的。生活不是艱難的，人生是富足的。我真的相信人生是富足的，它比我想像的更富足。」

園丁說：「人生是艱難或豐富多彩的——你所看見的就會是你所得到的。」接著，她的聲音繼續迴盪著：『財富之井』就在你的詞語中。」

理查興奮又激動地說：「我能感覺到我今天所遇見的人，和我父親以及村裡所認識的人有不同的想法。他們用不同的詞語，並問更好的問題。我本來認為他們之所以可以問更好的問題是因為他們有一個更好的心態。但現在我知道，原來正好相反。」

「他們之所以有更好的心態，是因為他們總是問更好的問題，總是使用更佳的字眼。」

「正如你現在所做的事情一樣！」園丁補充。

理查接著說：「水管工人、驗光師，他們一開始就跟我一樣，就像我父親一樣。但當他們開始改變他們的詞語，他們開始清晰了起來。他們開始汲取財富之井，這就是為什麼他們現在很有錢。」

「我們終其一生一直在造訪『財富之井』。但它根本不是真正的財富之井。真正的財富之井就在我們的詞語中，而這比我以往任何時候所能想像的還要龐大不知道幾倍。」

園丁點點頭說：「每個你所說或思考的財富詞語都將一點一滴地進入到你的財富之井中。你所提出的每一個更好的問題都是經由財富之井所汲出。它是不會枯竭的。」

「這就是魔法！」理查寫道：

「8. 你的財富之井就在你的詞語裡。」

園丁又笑了。然後，她看著理查，並做了一件特別的事。她的眼睛裡帶著最迷人的光亮，她眨了一下眼。

理查想起了水管工人說過的話：

「5. 學習是一項遊戲競賽。」

他開始真正喜歡上這個遊戲。

「妳富有嗎？」理查問園丁。

「我有兩個可愛的女兒和一個很棒的老公。我擁有健康及足夠的時間，所以，是的，我是富有的。」

「你有企業和投資提供你金錢開關，所以你不用煩惱錢嗎？」

「你在這裡放眼望去的所有土地都是我的。驗光師支付我租金，而這個地區中其他八十五個有錢人也向我繳納租金。我在這個村裡還有一些房地產開發的投資。」

「我之前只是個靠園藝維生的園丁，但我把部分所得存下來，而且更重要的是，我投資我的時間讓自己在財務專家和銀行家們面前非常有說服力。我也投資時間不斷地

與成功的土地和房地產開發商見面、學習。」

「我有一個願景，就是能擁有我自己的一塊土地。你知道嗎？我的願景是，大地之母會給我財富，而我會把財富回報給大地。這是一個好園丁應該做的事。這就是你在這裡所看到的。我活出我的夢想。」

女孩們現在在河邊拍手玩做蛋糕的遊戲。理查突然意識到太陽的溫暖。他注意到，他們並不孤單。那裡有色彩艷麗的雀鳥在樹林中嘰嘰喳喳，以及蝴蝶群如彩虹般在花瓣上穿梭。理查突然覺得胃痛。他想到他們那個狹小的房子，以及他那躺在床上、又病又累的父親。

理查想了一會兒。「但是，如果驗光師這麼有錢，他為什麼還需要跟妳租房子呢？」

「驗光師有一個很大的願景。在他的願景中，把錢用在買一棟房子給自己住，對他而言並不實際。他更喜歡投資錢，而把房子當成是一種花費。而且除此之外，因為他是我的房客，我很高興為他整理花園。他也很喜愛我的園藝。」

儘管已經知道答案了，理查還是問下一個問題。「那妳是怎麼變得這麼富有的？」

在河邊的園丁笑了。「我成為更好的園丁！」

「你已經和水管工人聊過，我能想像這是你已學到的東西。那麼，你更好的問題是什麼？」

理查準備好了。「我知道我需要找到我的願景，而且我知道我要投資我的時間，而不是耗費它。但是，要如何做呢？」

「你有更好的問題嗎？」

理查腦海中有一個問題，看似和這不相關，但也許有關。「水管工人並不需要工作，而妳也不必。那為什麼你們還在工作呢？」

「好問題！對我來說，園藝不是我的工作，而是我的熱情。我在從事園藝的每一刻都在實現我的願景。這是祕密，理查。你的財富是從你的頭腦開始。財富不是終點，而是起點。」

「對妳來說，財富是如何開始的呢？」

「你有看到這個花園嗎？這是一個色彩、氣味和聲音的富足展現。它一開始只是一片乾枯的土地。我給它富足的水、陽光、關愛、關注和熱情。相對的，它每天用大地的富足來回報我。財富在花兒盛開前就已經開始湧現了。」

理查坐在那裡看著花，想著那句話並露出微笑。財富在花兒盛開前就已經開始湧現了。

他寫下：

「9. 財富是起點，不是終點。」

「我知道妳是如何看得這麼透徹了。但是妳又是如何聚焦的呢？」

「當我決定成為一個更好的園丁時，我將浪費掉的時間最小化，而把投資的時間最大化。我把自己的人生當成是一座花園，而我的焦距就像花園中澆水的水管。我有澆到的植物會活著和成長，而我沒有澆到水的就會乾枯和死掉。」

理查想到在他父親的花園中不斷被灌溉的雜草。每當他的父親說：「這是不公平的」，他是在幫雜草灌溉、使它長成一棵巨大的樹。更糟的是，所有的天賦和渴望都被忽視了，而且已經萎縮了。想到這裡他倒吸了一口氣。

「我很快就意識到，我最高價值的活動是播種、栽培和收割。對我的學習、我的人脈以及我的投資來說也是真的。我在財務上的經驗和興趣不足，但我對園藝有很大的經驗和興趣。」

「我在每一個我新遇到的人身上、以及我學習使用的每一個新工具中播下種子、我栽培各個關係與投資，並且在時機成熟時，我有意識地去收割成果。如果我沒有收割到成果，那可能是我試圖太早收割、在播種時沒有悉心照顧、或者是在過程中沒有好好地培育它。」

「我變得富有，完全是因為我成為一個更好的園丁。」

理查苦苦地思索著他自己和他的父親。他們播下了什麼種子？他們栽培了什麼？難怪他們沒有成長很多。如果沒有花時間去播下任何種子，能收割什麼呢？

他大聲地問：「所以去造訪『財富之井』這件事是播種還是收割呢？」

「哪個財富之井？」園丁笑了起來。

「不是真正的井——不是我們詞語中的井。是村民每天都要去造訪的井。」

「嗯？我想你已經知道兩者都不是。」

理查想到水管工人的時間開關。他已經知道他應該投資他的時間而不是浪費它。現在他明白，他需要將他的投資時間分成到播種、栽培和收割。

他寫下：

「10. 播種、栽培、收割」

就在這時，他突然意識到自己已經錯過一個很大的播種機會。他已見過這些很棒的人，但他卻沒有問如何與他們保持聯繫。他馬上決定這樣做，就從園丁開始：「我們可以當朋友嗎？」

「如果這就是你想要的，當然可以，我很高興成為你的朋友。」

她指的是什麼？「如果這就是我想要的？」理查此時知道他錯過一些東西。他不得不下功夫問更好的問題。他看著決定要去河中游泳的女孩們。他想著不知道河裡的魚對此會有什麼感覺？

他問園丁：「當妳照顧妳的花園時，妳怎麼知道什麼是妳要關注的？」

「你聽過『見樹不見林』嗎？直到我知道我希望花園長什麼樣子，我才知道要去注意什麼。一旦我有了願景，一旦我清楚地了解我的花園應該是什麼樣子，我才開始知道我需要播什麼種、需要栽培什麼，需要收割什麼。每天當我在花園裡散步時，我很清楚我應該在哪裡投資我的24滴水。因為只有24滴水，我必須要小心投資。」

「而你知道嗎？一段時間後，我開始看到那些我所忽視的舊根和雜草開始枯萎。我開始看到我的學習、我的友誼，我的人際和我的投資開始繁盛。我每天走在我的花園裡，一切總是令人興奮和有趣。」

「所以，理查，告訴我，你希望你的花園長什麼樣子？」

理查不是園丁。他曾經試圖在家裡用一個小花盆來種馬鈴薯，但僅止於此而已。不過他被園丁所說的話鼓舞了，而且他想起驗光師說過有關溝通的四個層次：

「2. 選擇你想要到達的層次。」

「我也想要有一座美麗的花園。我想要看到的不只是『樹』而已。我想要能夠看到『樹』之外，又能看見『林』。我真的很想見到『林』。我想要過一個有意義的生活，即透過給予財富後，財富又回饋給我。我想過著有偉大願景的生活。我要如何找到呢？」

「如果你想要找到你的願景，就要跟隨你的熱情。你的工作感覺越不像工作，你就越接近你的願景。」

理查又開始覺得困惑了。「水管工人從來沒有提過任何關於熱情的事。」

「那麼是你沒有聽懂。據我所知，那是他的重點所在。如果你想尋找你的願景，讓熱情成為你的指南針。現在我想讓你見某個人。」

理查站了起來，且隨著園丁走到河岸的盡頭。當他走著時，他寫下：

「*11. 熱情就是你的指南針。*」

他再次想到他的父親。他的熱情是抱怨。那些抱怨如何能使他們富裕呢？

他們在河邊停著的一艘船旁找到園丁的女孩們。一個滿臉鬍子的人向她們展示一條肥美的魚，接著把魚放在女孩們的手上。她們尖叫著把魚又拋回水中，且開始哈哈大笑，這讓理查想到他的媽媽。

「理查，這位就是我希望你見的漁夫先生。漁夫先生，理查是要尋找『樹林』的年輕人。」

理查伸出手來。「你好，我叫理查。我隨時願意為您服務！」

「很好、很好，就是這樣！」漁夫大聲說：「森林之旅結束了嗎？那麼，跳上船來吧，我們去溯溪。」

理查跳進船裡，並轉向園丁，說：「如果妳可以給我一句智慧話語，那會是什麼呢？」

園丁看著她四周的天堂，輕嘆了口氣，然後對她的女兒說：「女孩們，何不給理查帶點東西走呢？」

其中一個女孩看著理查，而他第一次注意到她那雙美麗的眼睛，它們正閃爍著。當漁夫開船時，她唱著：

「全世界都在等待，

期待…」

理查敢一直和女孩保持眼神接觸嗎？因為他感覺到他的心在跳動。

漁夫

100次心動不如一次行動。 ——傑克・威爾許

漁夫這時大笑起來。「她是對的，小伙子。這是一場等待的遊戲。世界正等待我們付出，而我們則等待世界回饋。這的確是一場等待的遊戲。」

「釣魚不就是一個等待的遊戲嗎？」

「哦，是的，直到我成為一個更好的漁夫時。」

「那你擁有什麼財富？」

「我擁有一家連鎖零售店。你看我穿的是什麼？這雙靴子？這件夾克？都是我店裡販售的，都是上等的材質。我喜歡花時間與人相處，就像我喜歡花時間與魚群一起一樣。這就是我所喜愛的。這是我擁有的財富。你呢？」

「我沒有太多的財富。」

漁夫吹了聲口哨：「全世界都在等待，期待…」。然後，他開始說：「你瞎了嗎，孩子？」並大聲地敲打船邊。

理查突然覺得像是暈船一樣——即使現在並不在海上。或者，也許只是不確定性。他看著漁夫，並準備好他的筆記本。

「你想找到樹林嗎？可以的，應該的，樹林。這就是樹林。就在這裡。就在你身旁。你正坐在上面。」

他再次敲打船。

理查不得不注意到船看起來很破舊，應該是某個富豪的船。

「不，園丁指的是——我的意思是——很多樹木形成的樹林。我在尋找樹林。我的願景。」

漁夫這時轉移話題。「如果你答應我你會專注捕魚，我會告訴你如何成為一個更好的漁夫。」

「當然」，理查說，筆記本已準備好。

「那麼，這給你。」漁夫將引擎熄火，拿出一支釣魚竿，把它交給理查。「開始釣魚吧。」

理查開始問：「我不知道你是真的要我釣魚。你就不能解釋給我聽嗎？為什麼我需要釣魚呢？」

「你最好問更好的問題，小伙子。你拿到這根竿子的第一個原因是，知道而不去做等於不知道。第二個原因是，已經到了午餐時間，而我餓了。」

理查拿起釣竿，用另一隻手寫下：

「12. 知道而不去做，等於不知道。」

他學習得越多，越知道學得不夠。於是，他決定是開始要採取更多行動的時候了。他把他的筆記本放下來並且問：「我應該用什麼來釣魚呢？」

「你自己選擇。」漁夫拿出了一盒色彩鮮艷的魚餌。當理查看著這些時，他馬上看到一個最喜歡的。「我要那一個。」

漁夫一動也不動。他只是坐在那裡望著河流。

理查等了一會兒，然後才問：「哪一個效果最好？」

「哦，我還以為你不會問呢。這個。」他挑了一個。坦白說，那看起來像是一隻三條腿的蚱蜢。理查不打算爭辯。

漁夫把魚餌穿進鉤子。「現在站起來，像這樣把釣竿伸長向後擺，接著…」

釣魚線向前飛，而魚餌落在遠方的水裡。「現在開始慢慢地把線收回。」理查照著做，不到幾分鐘釣魚線就被繃緊時，他很驚訝。他用更多的力氣不停地捲線。在他需要幫忙的時刻，漁夫離開他，走到甲板下方的船艙。

「漁夫先生！」當魚出現在水面上時，理查高聲叫喊：「快來幫我啊！」

漁夫帶著一個籃子回來，抓起絃線把魚拉出水面。「哈囉，莎莉！很高興再度見到你。跟理查打個招呼吧。」他點頭向魚指引理查的方向，然後把魚鉤解開，將她放回水中。莎莉濺起水花游走了。

「你認識那條魚？」

「我開玩笑的啦。莎莉是我妻子的名字。現在，午餐時間到了。」

他打開籃子，拿出三明治、水果和甜點。

「我還以為你午餐想要吃魚呢。」

「沒有啦，如他們所說，海裡有更多魚可抓，以現在的狀況來說，是在河裡。關於如何成為一個更好的漁夫的課程已經結束了。現在，你需要遵照你的協議，並承諾好好捕魚。」

「但我剛捕到了啊！」理查急著抗議。

「我的意思是真正的魚——金錢開關。知道，但不去行動是沒有意義的。」

理查拿了一個三明治。「你是怎麼開始你的第一個金錢開關的？」

「正如我所說的，我成為一個更好的漁夫。我原來都是在想著「關於」魚的種種事情。當我成為一個更好的漁夫時，我開始「像」魚一般思考。你知道嗎？這是不同的。之前我必須不斷地外出捕魚，從來沒有停止過。我那時還是個銷售經理，而我討厭我的工作——只因為它永無止境，不斷地追著顧客跑。」

「當我成為一個更好的漁夫時，我專注於創造一個更好的魚餌。當然，我可以做一個更具吸引力的餌。當你創造出吸引力，你就永遠不必再去追捕魚。因此，我投資我的時間創造價值。沒有價值的地方就沒有財富。價值就是財富流經的河床。」

當理查繼續聽時，他寫下來：

「*13. 價值就是讓財富得以流動的河流。*」

「我看到在我工作以外那些人們似乎會被吸引的其他

產品。我賣的戶外夾克那時沒有足夠的市場需求，所以我投資自己的時間來多學習人們會買的東西。這意味著我也遇到了很多比我更成功的商人。」

「僅半年之後，我有足夠的知識和人脈去開始經營我自己的零售商店，銷售我知道顧客會喜歡買的服裝。接下來我每天為顧客和供應商增加更多的價值。我每一天問自己還可以提供多少的附加價值。

我成為一個精益求精的人。這家商店很成功，以至於連鎖商店很快地一家接著一家開。」

「你所謂的一個精益求精的人是什麼意思？」

漁夫拿起魚餌。「你看到這個了嗎？看起來像是只要花五分鐘就可以做好，但實際上它花了五年的時間。每天我都在想如何做一個更好的魚餌，看看是否有效，一直不斷嘗試。」

理查想起水管工人說過的：

「1. 思考它、記下它、實踐它、檢視它。」

「因此，這魚餌一直在進化，因為它仍然是不完美的。永遠不會完美，因為這會破壞樂趣。有趣的是在嘗試錯誤的過程。因此，我也一樣，我是一個精益求精的人。」

理查想到園丁的花園，以及水管工人的願景。他們都不斷精益求精。他將重點補充到清單中：

「*14.* 成為一個精益求精的人。」

「但是，當你開始經營你的店舖時，難道你不害怕可能會失敗嗎？」

「一點也不會，我把失敗列於計畫中！你必須把失敗列於計畫中，小伙子，否則你會不斷地失望。看這裡。」漁夫指著河流，像是在指揮一個交響樂團一樣。「假設在這條河流中有一千條魚。當我的魚線往下沉時，我計畫會漏掉九百九十九條魚，但會釣到其中一條魚，這代表我的計畫之失敗率高達99.9%。如果失敗率變成99.8%，表示我就能抓到兩條魚，我那天的成果就會多一倍。」

「當我嘗試新的行銷概念、新店促銷，或是新的產品線時，我總是懷著極高的失敗期待去投資我的時間和金錢，而且我可以確定，就算是如此高的失敗率，我所投資的時間和金錢，還是能得到合理的報酬。所以，每一天過後，我還是能學習到很多。」

「你有得到過比預期更差的結果嗎？」

「當然有。在我成為一個更好的漁夫之前，總是會發生。我總是設很高的期望和很高的目標，而我不斷地失望。更糟糕的是，我在高期待的基礎上來規劃我的時間和金錢的預算。所以，除了失望之外，我所投資的時間和金錢都白白浪費了。」

「既然我已經成為一個更好的漁夫，我把失敗列於計畫中。因此，大部分的時候，我會對結果感到驚喜。但是，我仍然得面臨比預期中還要更大的失敗，不過我擁抱這些。因為每一次的失敗是一個能做出更好的魚餌的全新機會。」

理查受到啟發了。漁夫比他的父親失敗了更多次，而那造就他變得如此成功，而且他樂在其中。

對於漁夫，學習真的是一項遊戲競賽。理查忍不住想，也許只有少數人會玩，因為他們不知道規則是什麼。

漁夫似乎知道理查在想什麼，他說：

「要計畫十次中有九次失敗才能富有。這樣，無論你是成功或失敗，你仍然是富有的。如果你打算十次中有九次要成功，財富總是會遠離你——當然除非你超級幸運。

你知道嗎？有一些漁夫可以做到。他們等待著幸運的時刻。對他們來說，這的確是一場等待的遊戲。」

理查寫下：

「15. 把失敗列於計畫中。」

河流開始變寬，而且水流持續緩慢下來。漁夫把他的腳放下來，說：「現在我有一個問題要問你。就你到目前為止所學習到的當中，是什麼使你成為更好的漁夫呢？」

理查本來要說出答案時，突然打住。除了扔魚線和捲魚線把魚釣上來外，他沒做太多。事實上，他一開始還選錯魚餌。然後，他記得有問漁夫哪一個魚餌比較好用，並想起了在遇見驗光師後所寫下來的那一句：

「4. 開口詢問，你就會得到答案。」

「我學會，當我有所不知時，一定要開口詢問。」

「當你不知道你有所不知，或是當你不想投資時間時，要怎麼做呢？」

「嗯，我肯定不會想投資五年的時間去找答案。」

「在這樣的情況下，你應該問誰？」

理查笑著說，「我會去請教一個精益求精的人，一個對魚餌這樣的事有熱情的人。」

「沒錯。你可以投資時間在你的人脈之中，那包括許多精益求精的人，來大幅加速你的進展。你知道嗎？那就是所有有錢的人都在做的事。透過那樣做，你是投資自己的時間在學習上，這樣能直接支持你的熱情和願景。」

理查試圖釐清這一點。「所以你決定成為一個在創造價值中精益求精的人，是因為這是你的熱情和願景所在。然後，你會找到像水管工人一樣創造一個更好的管道系統的人，和像園丁一樣創造更好的花園的人，因為這是他們的熱情和願景所在？」

「沒錯！」

「但是，為什麼你會幫我呢？」

「因為我知道當看到一個會精益求精的人，我會知道要幫他。」

理查開始對自己感覺非常好。但是他擔心他做得還不夠。他問漁夫：

「今天我能做些什麼才能變得富有？」

漁夫笑了。

「你不像一般九歲的小孩哦。」他再次敲打船邊。

「看見樹林，小伙子。那就是你會找到你的財富的地方。」他指向岸邊的船，理查轉過身，看到一個船塢。

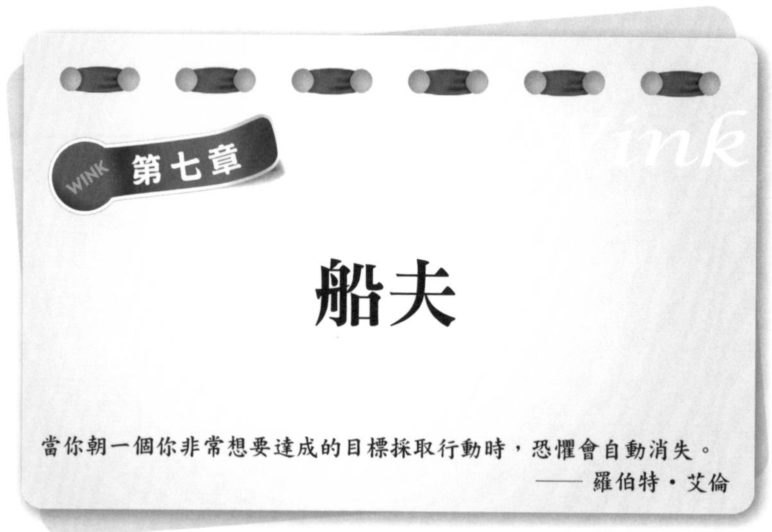

船夫

當你朝一個你非常想要達成的目標採取行動時，恐懼會自動消失。

——羅伯特・艾倫

漁夫將船停靠至碼頭旁，有一位船夫划著槳向他們靠近。「這是此行的終點了，小伙子。我要去喝一杯啤酒。當你準備好時就叫我。請記得你的承諾！」

理查看著他走向船塢。「當我準備好時叫他？準備好什麼？」理查覺得他已經做好一切的準備了，但顯然不是。有某件重要的事他還沒有看清。他看著船夫把他的槳放在水中，並把槳櫓鎖上。

理查看著船夫，並意識到，他應該往回走。他向船夫招手，不假思索說：

「哈囉，我是理查（Rich，諧音富有）。你能幫我嗎？」

船夫笑了。「嗯，如果你『富有』的話，不是應該要問我如何能協助我嗎？」

理查尷尬地漲紅了臉。「好啊。那我要如何幫助你呢？」

船夫往後靠了一會兒說：「我還需要划一個小時，說些話來激勵我吧。」

理查開始講他的故事。「我的父親現在生病了。他病得很嚴重。又病又累。我是他唯一的兒子，而且我愛他。他是這麼的有才華，但他卻不知道。我幫他工作，所以我知道他有多好。我要回家去說服父親開始投資時間，建設一個更好的管道系統來照顧一座美麗的花園。」

「我今天回到家後，要開始創造一個自然會吸引我們應得的財富之生活。我們會相處在一起，因為沒有什麼比時間更寶貴。對我來說沒有什麼事比我和父親相處的時間更寶貴。它不是最棒的人生，但這是我的人生，一定會多采多姿。」

「很棒的故事！我可以知道這一點。很棒的願景。」

理查注視著船夫。他的眼眶充滿淚水，好像第一次睜開眼睛一樣，如水晶般地清晰，他環顧四周並盯著漁夫的船，接著跑向船塢。他跑得很快，以致於被絆了一下腳。

他覺得自己準備好了。

「我已經準備好了！我可以幫你！」

漁夫抬頭一看而且笑了。

「對不起，我學得有點慢，但是我正在學習中！我是一個精益求精的人！你的船：我會先幫它磨砂，再上漆……。我已經幫過我父親做過很多類似這樣的事。他是一個木匠。」

「噢，所以你終於看到了『樹林』！」

「當園丁說：『見樹不見林』，我用我一直以為的意思來解釋。」**樹林**指的是「大圖像——願景。而我知道它的確是，但我剛才了解到樹林也意味著可以從樹木創造出的東西。機會可以從每一刻中創造出來。」

漁夫點點頭。「我喜歡這句，你應該把它寫下來。」

理查拿出筆記本，並寫道：

「16. 由樹林中看見樹木。」

「17. 機會存在於每一刻。」

在靈感來的時刻，他也畫下：

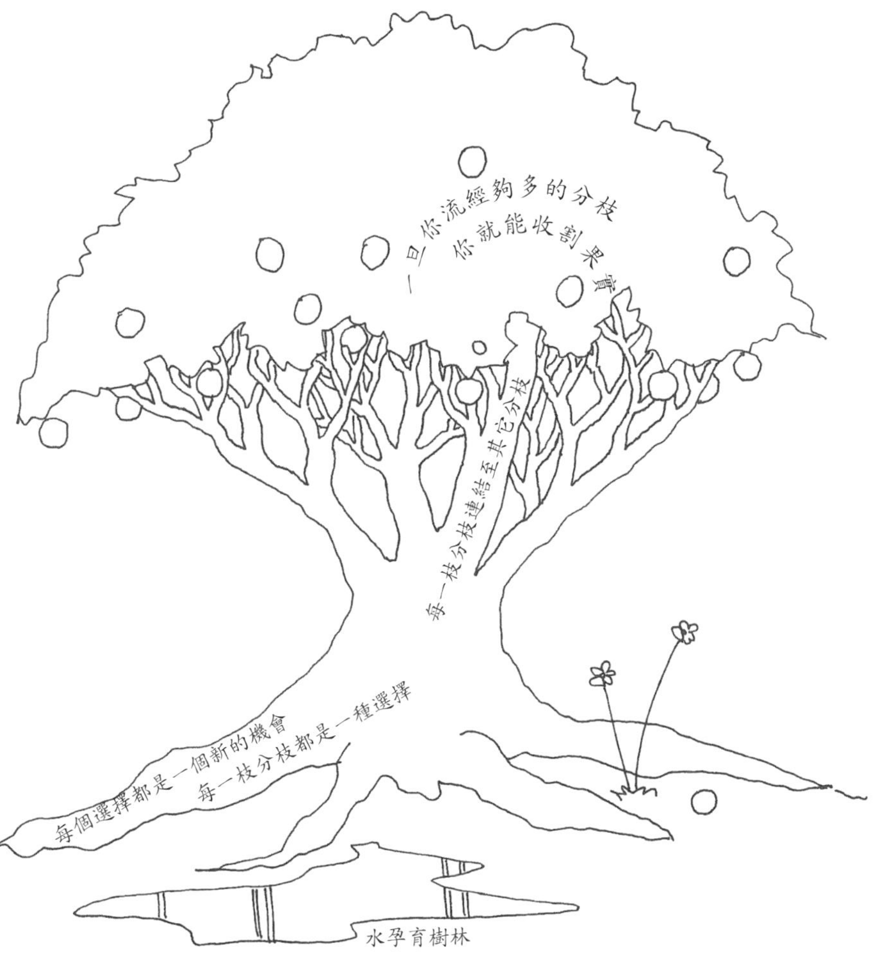

一旦你流經夠多的分枝
你就能收割果實
每一枝分枝連結至其它分枝
每個選擇都是一個新的機會
每一枝分枝都是一種選擇
水孕育樹林

他轉身面向漁夫說：「所以，我已經準備好要幫助人了。我已經開始成為一個更好的木匠。我可以看清樹林了。我知道，如果沒有**水**的話，**樹林**無法生長。我爸爸是一個了不起的木匠，而我將要像他一樣優秀。你知道嗎？他很有天份。但我不只是會**做**更好的木工，我還要**成為**一個更好的木匠。我將會把你的船修好，而且我可以向你學習，與我的父親一同建造一個通往我新生活的更好階梯。」

「這聽起來是一個公平的交易，而且我會很高興你這麼做」，漁夫回答。「費用為一個小時五美金，而我有三艘船。但我要你清楚——你目前賺得的錢不是金錢開關。它是一個以時間簡單交換金錢的一種交易——一份工作而已。」

「所以，你在這裡真正的投資是開展你的學習之路。但是，不要遲疑。既然你有了願景，就要專注於創造那個金錢開關，而且記得機會存在於每一刻——現在、過去和未來。」

理查感謝漁夫，並走到碼頭。他想到今天一整天所有出現的機會。如果他清楚他的願景和焦距的話，會發生什麼事？如果他帶著豐沛的熱情和積極開始過人生的話，也許他能發現一些機會？

他想起了漁夫的零售商店。那全部都是裝貨的木架！他想起了園丁的長椅，以及她所有的房地產——所有的這些門、窗、地板和踢腳板！他想起了水管工人的維修連鎖加盟，以及他的物業發展公司。有這麼多的機會能提供給一個木匠——一個木工事業！

光只是今天就有這麼多的機會可以創造財富，而他卻都錯過了。

「你看起來好像在趕時間。」

理查抬起頭來看船夫。「沒錯。我有很多工作要做。我一直在學習，而現在是採取行動的時候了。知道而不去做，等於不知道，你知道的。」

「速度快，但不莽撞」，船夫說。

「對不起，請再說一遍？」

「你需要其中一支槳。」他拿起雙槳中的一支。

理查看了槳，接著看船夫，然後又注視著槳。

「當你成為一個更好的船夫時，發生什麼事？」

「嗯，當我開始划船時，我學習到如何賺到我想要的錢。當我變得更好，我學會如何保住金錢。如果你太急躁，在你筋疲力竭後，你還是回到原點，不會變得更富有。財富有它自己的節奏。」

理查很想知道那是什麼。「財富的節奏？」

船夫說「當你知道財富就在那裡時，你明白商機無處不在。如果你不遵循一個節奏，你會迷失方向、挫敗或搞得自己筋疲力竭。」

當船夫轉頭看他的槳時，理查正要寫下來。「在你看到財富不久之後，你就會發現這一點。」

「這支槳？」

「槓桿借力。用少許的努力，來得到很大的結果。要創造財富，你需要學習如何借力使力來操作你的努力、時間和金錢的槓桿。透過其他人的努力、時間和金錢來借力使力。」

理查懂了。水管工人的連鎖經營、園丁的土地財務和人脈經營，甚至是他利用漁夫的知識釣到一條魚。

理查知道，如果沒有其他人的努力、時間和金錢，他們每個人都沒有辦到得到他們的財富。就在這時，他才了解到驗光師的所說的溝通的層次的真正重要性。他們每個人都用他們的願景啟發了所遇到的人，因此他們創造了槓桿作用。理查也想要借力使力。

船夫繼續說：

「但借力使力的關鍵是，就像這支槳一樣，如果你不知道如何運用它，它就不值錢。不當運用太多錯的人或是太少對的人的努力、時間和錢的話，只會讓自己筋疲力盡而已。」

理查寫下：

「*18. 槓桿借力的關鍵在於你如何運用它。*」

船夫把一艘小船拉過來，示意理查跳進去。理查拿起槳，而當船夫講他的故事時，他開始划。「開始划船不久後，我開了一家假日旅遊公司。我喜歡戶外活動，而且我有一個願景，希望能擁有一家公司，可以將人們送到世界各地，去到最有異國情調的地點。」

「我發現槓桿的力量，於是籌募資金、招聘經理人員，並建立全球性的夥伴和代理關係。五年來，我像瘋了似地投入工作，公司以驚人的速度成長。」

「真的把我累壞了，但我繼續往前。我開始將所有的時間放在經營管理及全力衝刺上。我們繼續募資及招募員工。事業擴張得很迅速。但接著，旅遊業市場低迷，而我們過度擴張。我們要支付債權人和員工的薪水，但事業成長得卻不夠快。我像蠟燭兩頭燒一樣，最後不得不結束公司的營業。」

理查一點也不喜歡這種論調。它跟漁夫開心地把失敗列於計畫中的評論一點也不像。於是，理查馬上就能理解船夫沒有做到的事。他沒有把失敗列在計畫中。事實上，如果他失敗——如同他說的——遊戲就結束了。

「這可能是發生在我身上最好的事情。這讓我必須思考成為一個更好的船夫。當我開始划船時，槳的力量讓我感到驚訝，但它也很難掌控。我越賣力去划，船就越失去平衡，而我前進的速度也越慢。這使我試著划得更賣力、更快，但還是停在原處、沒有前進。這當然讓我更疲累。」

「但就在我成為一個更好的船夫時，一件奇怪的事發生了。我發現，當船槳撥出水面時我所做的事，遠比船槳在水裡時我該做的事還重要。」

理查看著船夫，覺得他有點奇怪。他重複他的話「當船槳撥出水面時？」

「你的父親。我猜他現在沒有充分地借力使力吧？」

「嗯，沒有。」

「那沒有關係。這只是讓划船更累而已。想像一下你的父親用這支槳划船。」

理查無法想像這個畫面，但他還是點點頭。

船夫在理查的筆記本上畫了一個從0到20的刻度表，然後接著問：「當你父親投入在他的工作上時，你覺得他發揮了多少潛力呢？」

理查暫時停止划船，用手指6。「他大部分時間都很累，所以即使非常努力工作，卻沒有發揮他全部的潛力。」

「好的。現在，當他不用工作時，用同樣的量表，他盡可能放鬆、和諧以及享受生活的程度有多少？」

理查不好意思地指著4。「他的工作讓他很累了，所以當他回家時，他需要休息。」

「這就是重點。如果只在刻度4，那他還沒完全恢復體力。當他再回到工作時，他一樣會筋疲力盡。所以讓我來告訴你，當你開始借力使力時，刻度表上的級數要增加10級才可以。當我經營我的旅行社時，我每天都很累。當我划船的時候，每一次划槳也讓我很累。」

「現在，當我成為一個更好的船夫時，我學到當槳撥出水面時，我越是放鬆、和諧，我越能準備好去做下一個划槳動作。這就是為什麼稱之為恢復體力。更重要的是，我的槳在水裡的時間越短，我前進的速度越快。所以，我花兩倍的時間讓槳在水面上，省下一半的力氣，同時速度加快兩倍。」

「我現在擁有一家冒險運動公司、旅行社和一個渡假村。我大概一個月工作一星期，而且我很享受撥出一些時間去旅行，過著一個完美平衡的生活。當我工作時，我完全投入；當我放鬆時，我完全放鬆。出現任何的挑戰，我完全能迎刃而解。每週、每一個月的特定時間，我會準備、執行、檢視。這是一個使我的財富可以持續的節奏。」

理查大力地點了點頭，想起他的父親。然後他寫下：

「19. 恆久持續的財富是隨著韻律節奏而來的。」

他畫下他想要的層級：

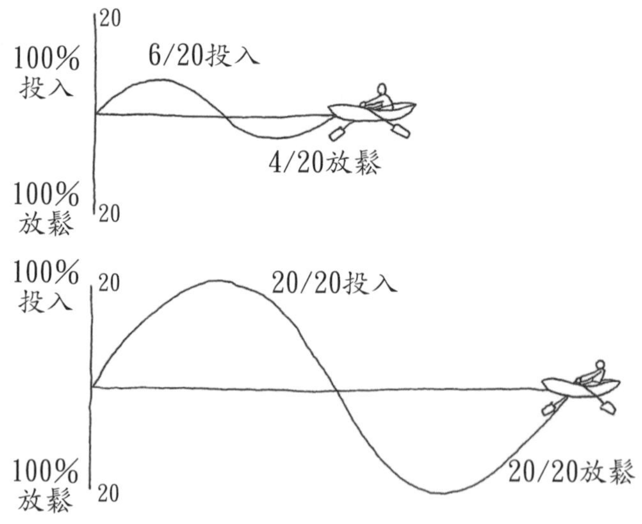

他們坐了一會兒，感受秋天的微風。溪流載著他們航向大海。理查想到他的父親，此時可憐地躺在床上。「所以你說，當我們不工作時所做的事，和我們工作時所做的事一樣重要嗎？」

船夫搖了搖頭。「更重要。當你有願景和目標時，你最好的作品會是在你不工作的時候完成的。但要記住，理查，富有的人是不工作的，他們只是跟隨著自己的熱情。」

理查想到水管工人的舞蹈，以及園丁的野餐。他們做這些似乎對他們的財富沒有幫助，但事實上是有的。光是透過滋養自己，他們就越來越富裕。他們放鬆的指數是20。當回到工作崗位時，他們可以投入指數20的時間在他們的投資上。他們擁有20/20的願景。

他畫下：

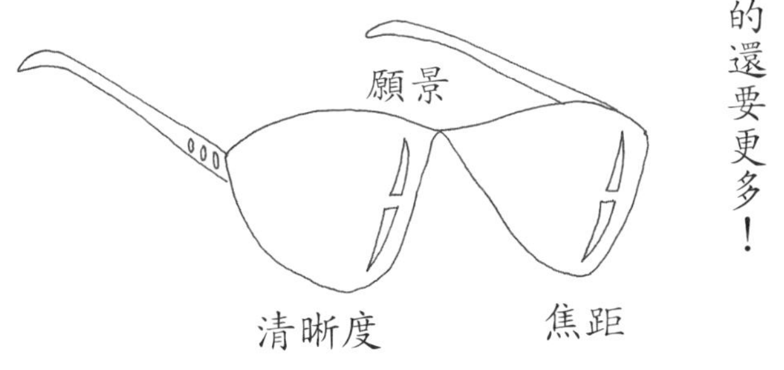

理查聽到空氣中傳來的長笛聲。他們已經到了河口，而且看到海灘上的一座木棚。有一位女士坐在那，對著海吹奏長笛。

船夫對理查說：「那位就是音樂家。如果你想體驗真正的財富，我建議你花一些時間請教她。」

聽到音樂，理查想起園丁說過的話：

「11. 熱情就是你的指南針。」

理查轉向船夫。「好的，這是我的電話號碼。我會很高興能幫你的船磨砂和上漆。」

船夫笑了。「嗯，謝謝你。我有一整座船塢的船等著有人磨砂和上漆呢。你會需要找到更多的人手來哦。」

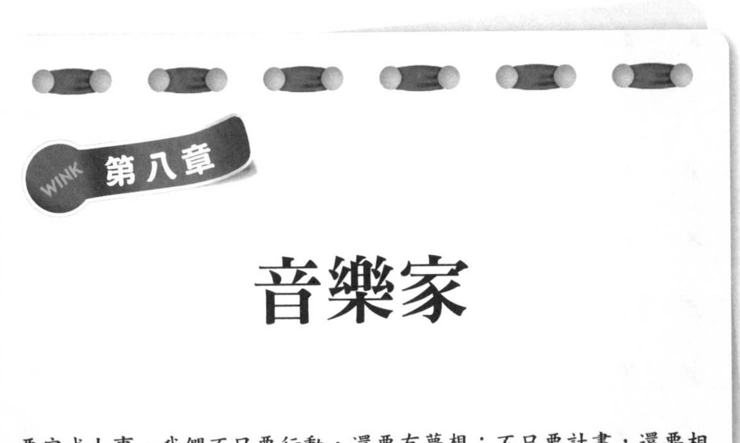

第八章

音樂家

要完成大事，我們不只要行動，還要有夢想；不只要計畫，還要相信。

——阿納托爾·法郎士

理查走進木棚中。「嗨，我是理查！我能提供很棒的木材保養服務，我很樂意為您提供協助。」

這位音樂家笑了起來。「天啊，你真是個年輕的創業家。但很不巧的是，這棚子不是我的。但我的長笛可以請你磨亮嗎？」

理查坐下來，望著外面的大海。他之前從來沒有注意到海有這麼大。

「我可以告訴你我的願景嗎？」理查開始了。

音樂家用她的長笛吹出一個音，然後停下來。「畫給我看吧。」

接下來的二十分鐘，當她繼續吹奏她的長笛時，理查

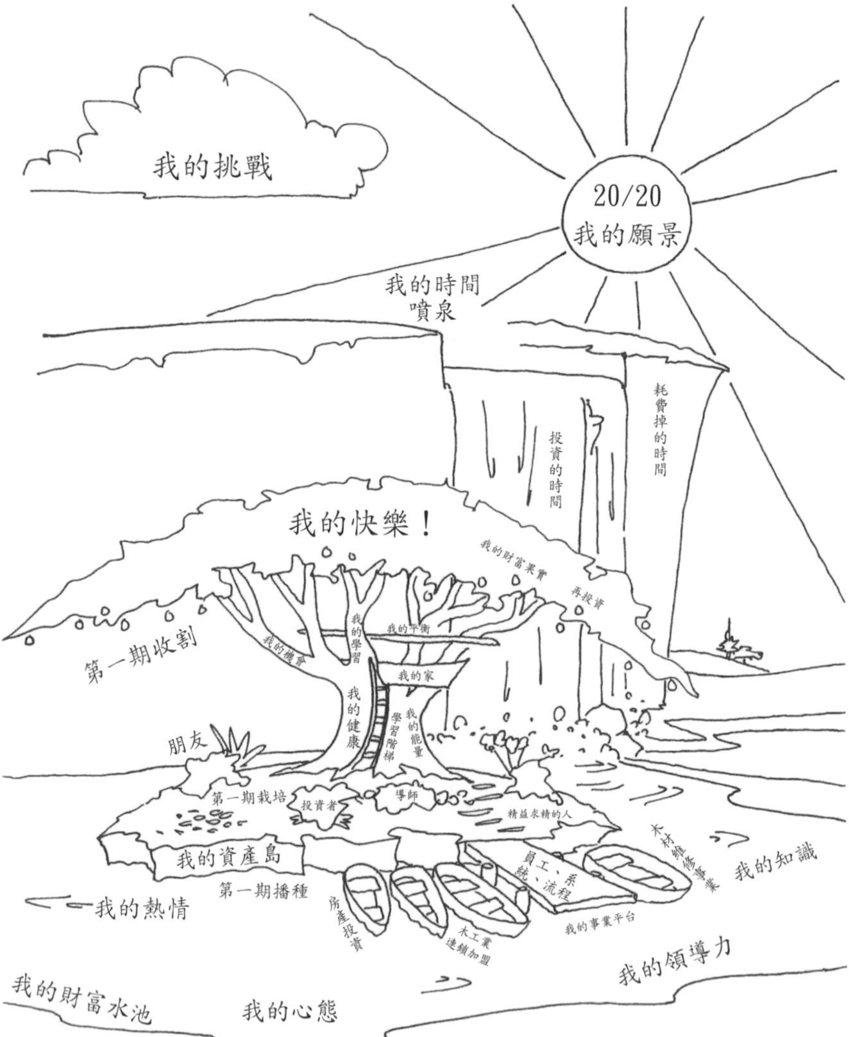

我的挑戰

20/20
我的願景

我的時間
噴泉

耗費掉的時間

投資的時間

我的快樂！

我的財富果實

再投資

第一期收割

我的機會

我的學習

我的平衡

我的家

我的健康

學習階梯

我的能量

朋友

第一期栽培

投資者

導師

精益求精的人

我的資產島

第一期播種

我的熱情

房產投資

木工業
連鎖加盟

員工、系統、流程

我的事業平台

木材維修事業

我的知識

我的領導力

我的財富水池

我的心態

理首畫著他的願景圖。

「所以現在告訴我，為什麼你可能會失敗。」

理查已經有想過這問題。這不是因為他會犯錯，因為他知道要把失敗列入計畫中。不是因為他會浪費時間和金錢，因為他兩種都會投資。也不是因為他的速度會太快或太慢，因為他會遵循一個節奏。

「我不知道。我怎麼會失敗？」

「如果你在夏天播種，或在春天收割。如果你忘了……」她再次吹起她的長笛「……協調一致。」

她看著理查，而理查注意到她的眼睛裡閃耀著最耀眼的光芒。

「告訴我，理查。關於時間你知道什麼？」

「我知道有錢人看重它多過於金錢。我知道我們非常小心地看待它，因為我們把它看做是某個珍貴的東西。我們不想浪費一分一秒。」

這位音樂家點頭表示同意。「時間和金錢無法相比。錢花完了，你總是還可以再賺。而時間，一旦你浪費掉，它就消失了，永遠不會再回來了。時間是你最寶貴的資產，所以你要多投資在了解時間這件事上。」

理查把這個加入他的清單：

「20. 時間是你最寶貴的資產。」

理查問：「那麼，你能教我什麼，讓我對時間有更好的理解呢？」

音樂家望著大海。「時間有它的味道。學習去品嚐它，那麼你就能確保財富了。」她停頓了一下。「我會教你。好好看著這些海浪。」

理查看著海浪。它們看起來和他之前看過的沒什麼不同。音樂家繼續說：「隨著海浪呼吸。」

當海浪退去時，理查開始深吸一口氣，而當海浪被打上沙灘時，他吐氣。音樂家開始吹奏她的長笛，音符隨著波浪起起伏伏。理查可以聽到船夫說：

「19. 恆久持續的財富是隨著韻律節奏而來的。」

但是，這次不同。隨著每個新浪潮，理查的脊椎有股刺痛感。奇怪的事情開始發生。他不再是以前的理查。他比以前更棒。當他呼吸時，他感覺自己就像是大海、旋律。他突然看到他擁有的比之前還更多，以及知道他必須給予的也更多。

他想到了父親，想到已過世的母親。他怪她死了——離開他和父親而去。他沒想過會再遇到她。當然不是在此時此地。但此時他感覺到和母親是一體的感覺很強烈。

他不是感到驚慌，而是感受到不可思議的平靜。他感覺到心裡有一股力量在茁壯。這股力量漫延至他的全身、到達他的胸口、臉龐，最後到他的眼睛。理查感受到一股他無法描述的能量。當他向前看時，與某種自然的節奏和諧一致時，他很訝異自己能看得這麼清楚。

接著，他看見了。他的眼睛閃過一道光芒，他低聲說：「原來**這**就是**世界**應該是的樣子……。」

音樂家停止吹奏，但理查還是可以聽到旋律。她問：「你能品嚐出它的味道嗎？」理查點點頭。音樂家繼續說：「當你找到真正的和諧時，你就找到無盡的力量。協調一致是財富的基石。」

理查快速寫下：

「21.協調一致是財富的基石。」

她畫了一個圓：

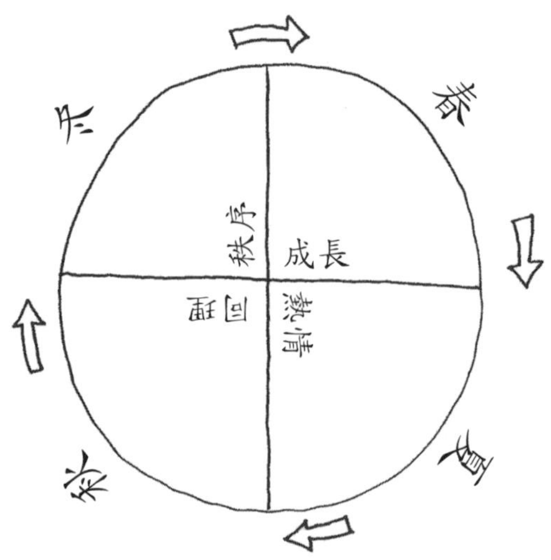

「在海上，有時風平浪靜，有時波濤洶湧。時間也是一樣。季節中還有季節。每一年有春、夏、秋、冬，每一天裡面也有。你的人生、人際關係、你的投資和事業也有季節循環。你今天的旅程中也有一個四季的循環。」

「你的學習和行動也有。現在你有沒有注到你的筆記本也有循環。你的和諧給了你那份知識。」

理查思考這一點。她是正確的。

「當你投資你的時間——去播種、栽培和收割你的人際關係及投資、學習及熱情、你的願景及目標時——確保你是在春天播種、夏天栽培，秋天收割。什麼時候做，跟做什麼一樣重要。」

理查寫道：

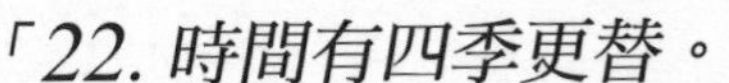

「22. 時間有四季更替。」

「23. 什麼時候做，跟做什麼一樣重要。」

音樂家繼續說：

「當你找到自己的願景、並且能清晰地看見時，就找到了屬於你的真正財富；當你找到真正的財富時，就知道該如何投資自己的時間；當你懂得該把時間專注投資在哪裡時，你就會創造出價值；當你創造出價值時，你的財富就開始流動；而當財富以一種有韻律且和諧的方式流動時，你就會引起共振。」

「理查，你知道共振代表什麼嗎？」

「我感覺得到，但我不了解。」

「當你處在共振狀態時，你創造出一種振動，就像池塘裡的漣漪一樣。你創造出最玄妙的吸引力量：你會吸引到最好的人脈、最佳的機會、最理想的環境。在這時，你真正能完全活出你的人生。而當你進入共振時，就能累積財富。」

理查想到園丁花園裡的鳥和蝴蝶。他寫道：

「24. 當你進入共振時，就能累積財富。」

太陽從天邊緩緩向西移動，氣溫開始下降。理查看著音樂家。他沒有問她多富有，他意識到並不需要問，她看起來就是很富有。他問的是：

「是共振讓你變得如此富有嗎？是你吸引所有的一切嗎？」

音樂家搖搖頭。「吸引力不是原因，它是結果。當你開始吸引美好的事物，這僅僅是你在正確軌道上的線索。如果你沒有辦法引起共振，這是一個你要重新調音的訊號。吸引力是一種獎賞，是你付出努力而得到共振的獎賞。」

「當我成為一個更好的音樂家時，我培養出一種清晰度，知道何時、何地去創造新的投資，何時去建立、賣掉它們。透過只和我的市場脈動及顧問同調時，我就成為時間和目標的主人。我就了解所有巨大財富的祕密。」

「祕密是什麼？」

「那是你要自己去找的。」

「你能給我一個線索嗎？」

音樂家笑了，接著開始彈剛才彈過的曲子。理查看著遠方的大海。

旋律進行到一半時，音樂家突然停下來。

但理查的腦海裡仍不斷地縈繞著旋律。

她轉向理查。「我開始知道下一個音符是什麼。」

理查不解地看著她，而另一個音調浮現在他的腦海：

「**全世界都在等待，**

期待……」

理查在她微笑的藍眼睛中看到自己的倒影。他的倒影會閃爍。當他定睛看著音樂家時，音樂家眨了一下眼。

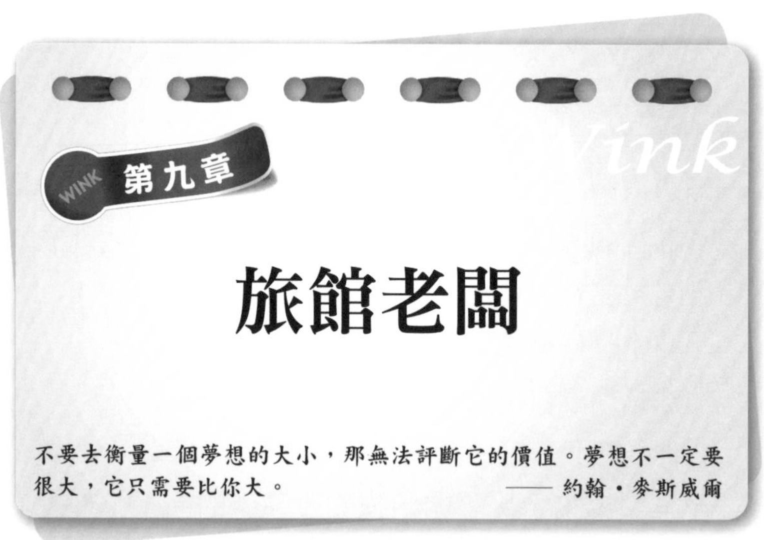

第九章

旅館老闆

不要去衡量一個夢想的大小，那無法評斷它的價值。夢想不一定要很大，它只需要比你大。

——約翰・麥斯威爾

理查和音樂家沿著海灘，走到一個美麗的渡假勝地。當他們走近時，一個非常高大的人走出來迎接他們。音樂家跟理查說：

「這是船夫的渡假別墅連鎖企業中的其中一間。這是旅館老闆。他會帶你回家。但首先，你應該花一些時間請教他。」

理查答道：「你的意思是投資一些時間和他在一起嗎？」

音樂家咧嘴笑了：「是的，投資！」

旅館老闆用他巨大的手和理查握手，再給他一個像摔角選手的擁抱。「你一定是理查了！歡迎來到我的天堂！

請進。」

理查進到渡假勝地，看到最令人驚艷的花園、噴泉和魚池。整個氛圍很放鬆，而且旅館的服務人員似乎穿著魔毯鞋一樣，腳步很輕盈。

「我今天有遇到園丁，你的花園和她的幾乎一樣美麗。你知道嗎？她擁有最棒的願景。」

旅館老闆嘆了口氣。「唉，是啊，我有一個朋友她的願景比園丁的還大。」

「真的嗎？她是誰？」

「哦，她只是個無名小卒。生命中沒有什麼成就。只是得過且過而已。」

理查並不期待這種答案。「她知道需要什麼才能變得富裕嗎？她有遇見水管工人、漁夫嗎？她有見過音樂家了嗎？」

「哦，她當然有。只是她從來沒有像他們一樣去實踐。」

太陽開始西下，理查突然感覺到一種說不出的恐懼。如果他明天醒來，一切都是錯覺怎麼辦？如果這些景象不再像在海邊時這麼清晰，又該怎麼辦？然後，他想起了音樂家的眼神，於是他問了一個更好的問題：

「為什麼她做不到呢？」

「因為她得過且過。你知道嗎，我也是，直到我成為一個更好的旅館老闆時。」

理查期待地等著老闆繼續說。

「你知道嗎？我喜歡服務人群。我喜歡給人們一個很棒的體驗，尤其是當他們是特地為這而來的時候。我總是想全力以赴。在我的工作上是如此，我生活中的每一天也是如此。但過去，我的標準很低。」

「如果你已經盡全力了，怎麼標準會低呢？」

旅館老闆坐在一個優雅的沙發上，而理查也跟著坐下來。一個服務人員拿了兩杯水果雞尾酒來。「你有沒有住過三星級飯店？」

理查想到：「我在村裡有住過二星級飯店。」

「那裡的服務人員有全力以赴嗎？」

「有的，他們有。」

「那你在那裡的體驗跟在這裡的一樣嗎？」

「不，當然不一樣！」理查停頓了一下。他看得更透徹了。

旅館老闆繼續說：「有很長一段時間，我總覺得我已經盡我所能，但我似乎還是一無所有。我開始投資時間在培養自己。我學到了很多財富的關鍵，但財富仍然離我很遠。就在那時，我意識到我仍過著二星級的生活。

「儘管我知道我應該投資我的時間，但我繼續浪費它。儘管我知道我應該建立一個更好的管道系統，我卻拖著不開工。儘管我知道財富有節奏，我卻從來沒有認真地看待。我還是全力以赴，但最終我還是願意得過且過。」

理查打斷，「那麼你是如何成為一個更好的旅館老闆呢？」

「我提高我的標準。你看，不是你的知識讓你變得富有，而是你透過那份知識去做些什麼才讓你變得富有。」

理查記得漁夫說過的：

「*12. 知道而不去做，等於不知道。*」

「當我提高我的標準，我已不再願意浪費我的時間在次等的生活上。我不願再滿足於平庸的生活。我不願再讓自己有草率的心智和模糊的願景。當你不願妥協於某一種特定的行為時，你就沒有選擇了，只能採取行動並改變它。

「因此，我們今天活出的生活，不是由我們明天想要過的生活來決定，而是由我們今天所有的行動來決定。我們設定的標準決定了我們的人生。」

理查寫道：

「25. 你設定的標準決定了你的人生。」

「現在，理查。告訴你一個祕密。」

理查向前傾，他的水果雞尾酒溢了一些出來。

「音樂家有跟你提到吸引力的事嗎？」

理查點點頭。

「如果你經營的是二星級飯店，你會吸引什麼樣的人？」

理查回答：「二星級的人？」

「那如果你正在經營的是一家五星級飯店呢？」

理查懂了。

「還有另一個祕密。」旅館老闆揮舞他的手，像是在大理石地板上播種一樣。「五星級指的是服務、品質和行為。這些東西不需要花錢。它只是需要更好的規則和更好的系統以確保你不會與次等妥協。因此，更高的標準不需要花費更多，事實上……」

他向前傾，而理查也往前傾。

「……你認為誰必須更賣力工作呢？過二星級生活的人還是過五星級生活的人呢？」

理查想著那些他所認識的、想要得到更多的，但卻與次等妥協的人。他想到他的父親。他想到他今天遇到的人。毫無疑問：

「過二星級生活的人必須付出更多的努力。」他把它寫下來：

★「*26.* ***五星級的人生比二星級的人生更輕鬆寫意。***」★

理查又再度受到啟發，並且寫下他五星級生活的規則和系統。

接著，他想到了一個問題要問旅館老闆。「既然你現在過著五星級的生活，為什麼你選擇為船夫工作，而不是

五星級

☆規則

- 我如何透過已經創造出的財富來創造出更多的財富？
- 問「我如何為別人創造價值？」
- 問「我今天創造了什麼價值？」
- 重視我的時間更甚於金錢，而且評估我每星期投資多少？
- 把自己當作是最大的資產，而且透過每天投資在自己、我的學習、我的人脈以及我的事業來看到我自己的成長。
- 跟隨著財富的節奏，而且察覺到太費力工作但卻進展緩慢的時候。
- 每天品嚐我的時間和願景。
- 使用我的熱情作為我的指南針。

☆系統

- 透過每個禮拜要比前一個禮拜投資更多時間在與我的願景一致的價值上來管理我的時間。
- 透過投資時間與那些和我有同樣熱情及願景的人相處，以及投資時間與那些能啟發和激勵我的人相處來管理我的人脈。
- 透過每天專注在我最需要學習的事物以使我能為與我的願景一致的事物增加價值來管理我的學習。

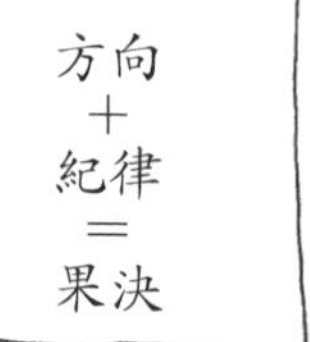

方向
＋
紀律
＝
果決

二星級

☆規則

- 問「為什麼我不富有？」
- 不重視我的時間，而且隨意耗費
- 不重視我自己，而且浪費在外在事物上，而不是投資在內在上。
- 抱怨環境。
- 一直徒勞無功。
- 用我的情緒當指南針。

☆系統

- 透過我的工作或我的休閒所需完成的事來管理我的時間。
- 透過花時間與我已經認識的人相處來管理我的人脈時間。
- 透過看到每天讓我印象深刻的事物來管理我的學習。

企圖心
－
專注
＝
挫敗

為自己工作呢？」

旅館老闆大笑起來。「我熱愛我的工作！別把它拿走！我做我喜愛做的事來維生，我免費住在我的天堂裡，而且我所有的收入都透過一個美妙的金錢管道系統在經營。財富給了我選擇的自由，而這是我的選擇。這是我對完美人生的願景。」

旅館老闆坐起來。「現在，理查，問你一個問題。如果你把我放在一個二星級的環境，你認為會發生什麼事？我會回去過二星級的生活嗎？」

理查認為答案是很明顯的。「不，你要麼改變環境或者是回到五星級的環境，因為你不會退而求其次。」

旅館老闆點點頭。「所以，今晚當你回到你的環境時，你會怎麼做？」

理查沉默地坐著。

「請記住，理查，你做的種種選擇造就了你。你會在你的環境中做你所有的選擇以及學習。如果學習是一項遊戲競賽，那麼你塑造的環境就是你的遊樂場了。不要跟次等妥協。」

理查寫道：

「27. 你塑造的環境就是你的遊樂場。」

「28. 你做的種種選擇造就了你。」

天色漸漸黑了。理查回想到他踏上雜草叢生的路徑的這個選擇。因為這個選擇，使他成為現在的樣子。當旅館老闆開車送他回家時，他正想著要怎麼告訴他父親。他想到驗光師說過：

「2. 選擇你想要到達的層次。」

在過去九年的人生中，他知道與父親的溝通層次就是交流與連結。今晚，他將要啟發他的父親。

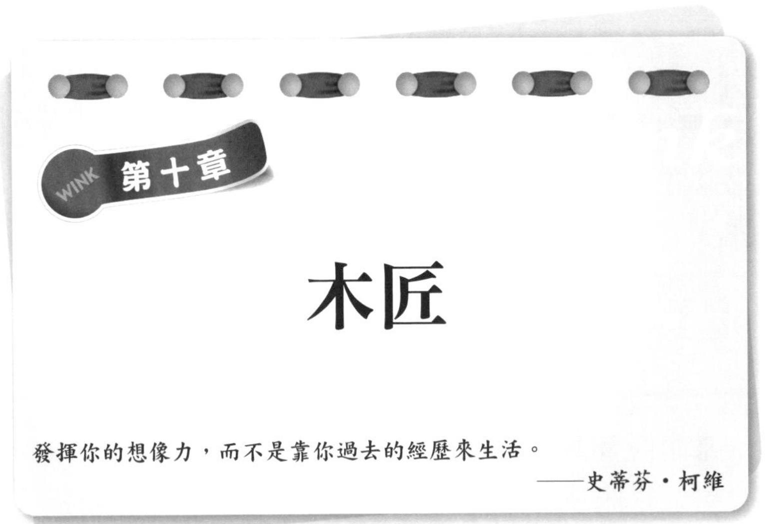

WINK
第十章
木匠
發揮你的想像力，而不是靠你過去的經歷來生活。
——史蒂芬・柯維

終於回到家了！理查興奮地跑向家門，當他打開門時，他緊緊地抱著筆記本。他的心噗通噗通地跳，而且臉上掛著一個大大的微笑。

理查跑進屋內，打開了父親臥室的門。

「爸爸，我們要變有錢人了！你一定想不到今天所發生的事！」

「理查！你為什麼出去這麼久？財富之井的水在哪裡？」

理查頓時呆掉。「哦。不，我沒有去取財富之井的水。但請你看看我拿到什麼。」他拿出了筆記本。

木匠從床上坐了起來，失望地看著理查。「理查，財富之井的水在哪裡？這是你今天唯一要辦的事。去造訪財富之井和取水回來。我們需要財富之井的水，理查，水在哪裡？」

理查懇求：「不，爸爸，我們不需要那財富之井的水。財富之井不在你以為的地方。我已經見過大海了，爸爸。我已經見過大海了。」

當木匠搖頭時，理查看到他父親不以為然的眼神。木匠慢慢地從床上下來，開始穿起襪子。「我必須自己去。我現在得去造訪財富之井了。我們必須拿到水」。

「爸爸，現在是晚上。白天再去。爸爸，時間是如此寶貴。讓我告訴你我的願景。讓我告訴你我今天所學到的東西。」此時的木匠根本聽不進兒子的任何隻字片語。

「我給你的一塊錢呢，理查？」

勉強擠出這些話讓木匠痛苦，而當他站起來時，又加倍痛苦。理查開始哭了起來。

「對不起。我把那一塊錢用掉了。」

「哦，理查，你真不懂事。這太糟糕了，實在是太離譜了。看你做了什麼好事。」老人從存錢桶中拿出一塊錢，穿上他的外衣。「我現在得走了。我一定要到財富之井那裡去。我出去後把會把門鎖上。我有帶鑰匙。」

當木匠費力地向門口走去時，理查哭得更厲害了。

「不，爸爸。拜託你。請讓我來告訴你。看我的筆記本。看看我寫了什麼。求你了，爸爸。」

「看哪，學習是一項遊戲競賽。時間是我們最寶貴的資產。爸爸，這一切都在這裡。請你坐下來一分鐘，讓我解釋給你聽。」

理查拚命地擦拭眼睛。他的眼淚把他的願景弄模糊了，也把他的清晰度給洗掉了。

「讓我來啟發你。這口財富之井就在這裡。財富之井就在你的詞語中。」

他對著一扇緊閉的門說話。

他坐在地板上，開始哭了起來。他開始想念他的媽媽了，這讓他哭得更傷心。這本來是他最美好的一天，但現在，卻是他最糟糕的一天。就像是一場惡夢一樣。沒有一樣是真實的，只有他的眼淚是真實的。只有他的眼淚、父親的痛苦，和冰冷的地板是真實的。

當理查躺在那裡像是壞掉的木偶一樣，哭著入睡時，音樂家的話飄進他的腦海中：

「23. 什麼時候做，跟做什麼一樣重要。」

於是冬天過去了。

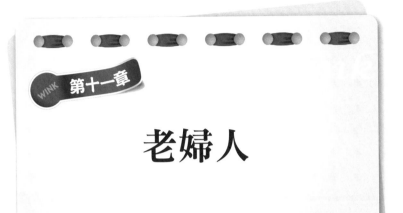

老婦人

財富會流向心裡準備好吸引它們的人，就像水流向大海般理所當然。

——拿破崙・希爾

「太不公平了！」

「我病了，而且累壞了。」

這是理查的父親。又病又累。事實上，他的病讓他很累，而他也厭倦了這麼累。公平嗎？理查的父親做了一輩子的木匠。他總是希望得到財富，但卻從來沒有得到過。那讓他更努力工作，而壓力最後將他壓垮。

他徹底地破產，而且病倒在床上。

理查陪伴在他身邊。「爸爸，昨天的事我很抱歉。有一件美妙的事發生，我之後會告訴你這一切。但是今天，我答應為你去造訪財富之井。」

木匠笑了。「謝謝你，兒子。對不起，我昨晚讓你難過了。但你不能錯過任何一天，所以必須要去。安心總比遺憾來得好。」

接著給理查一塊錢，說：

「好幾世紀以來，這個村裡的人們已經養成每天去造訪財富之井的習慣。兒子，對『財富之井』慷慨，那麼它會更慷慨地回報你。」

理查拿了一塊錢，一手拿起筆記本，快速地跑向通往財富之井的小徑上。他很快就看到老婦人，她還是一樣坐在那裡，手中握著一杯沁涼的水。

她驚訝地說：「天啊，你今天看起來很『富有（Rich）』哦！」

「我回來跟你說謝謝，而且要請你給我你的電話。我要開始一個木工和木材維修的事業，而且我要請水管工人給我一些建議，看之後要如何開連鎖店。然後，我想請教船夫如何為河上所有的船隻服務。我想在他的船塢裡開一間工作室。」

「很好、很好，就是這樣。這聽起來不錯」，老婦人說。「那麼你有善用那本筆記本嗎？」

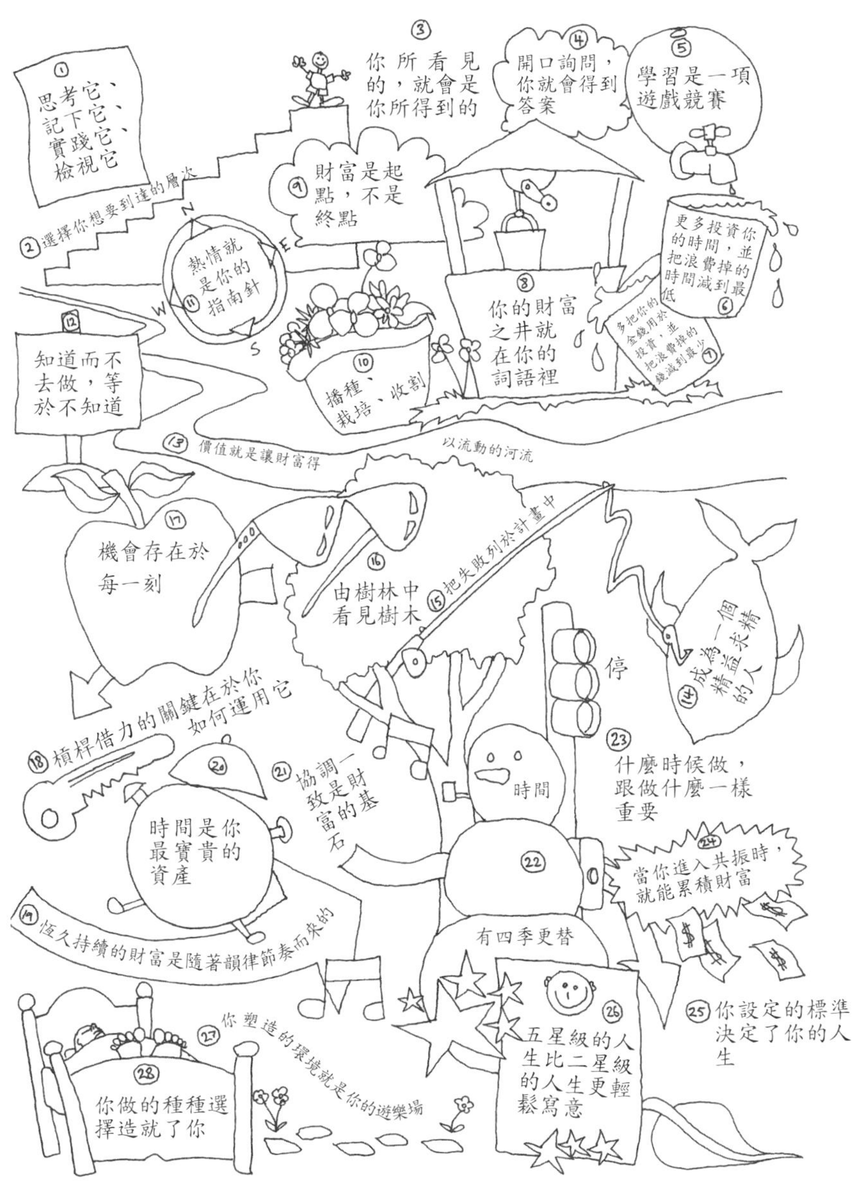
1
思考它、
記下它、
實踐它、
檢視它
2 選擇你想要到達的層次
3
你所看見
的，就會是
你所得到的
4
開口詢問，
你就會得到
答案
5
學習是一項
遊戲競賽
更多投資你
的時間，並
把浪費掉的
時間減到最
低
6
多把你的
金錢用於
投資，並
把浪費掉的
錢減到最少
7
8
你的財富
之井就
在你的
詞語裡
9 財富是起
點，不是
終點
10
播種、
栽培、收割
熱情就
是你的
11 指南針
N
E
W
S
12
知道而不
去做，等
於不知道
13 價值就是讓財富得以流動的河流
14 成為一個精益求精的人
15 把失敗列於計畫中
16
由樹林中
看見樹木
17
機會存在於
每一刻
18 槓桿借力的關鍵在於你
如何運用它
19 恆久持續的財富是隨著韻律節奏而來的
20
時間是你
最寶貴的
資產
21 協調一
致是財
富的基
石
22
時間
有四季更替
停
23
什麼時候做，
跟做什麼一樣
重要
24
當你進入共振時，
就能累積財富
25 你設定的標準
決定了你的人
生
26
五星級的人
生比二星級
的人生更輕
鬆寫意
27 你塑造的環境就是你的遊樂場
28
你做的種種選
擇造就了你

「哦，有的，謝謝你。」他給她看他清單中的圖。

「非常好。現在，在你上路前，你有什麼更好的問題要問我嗎？」

「是的，有。首先，我需要找到財富之井，讓我可以幫我的父親取得一桶水。不知道要往哪一條路走？」

「你有更好的問題嗎？」

理查抗議：「我真的需要找到這口井，不然我的父親會很沮喪。」

「那麼，你有更好的問題嗎？」

理查想了一會兒。接著，他回頭看了看他的筆記清單。

「筆記上還缺幾個重點？」

老太太笑了。「到目前為止還有兩個。」

理查點點頭。「我不是應該都已經學會了嗎？」

老太太持續微笑，而且點了點頭。

理查開始思考昨天的事。他在老婦人身旁坐下來，而且很認真地思考，因為他也知道，他遺漏了某件事。而且是非常重要的事。

他覺得跟他所遇見的人之類型有關。他覺得和那些人彼此間的連結有關。他知道和音樂家的旋律以及小女孩的歌有關：

「**全世界都在等待，**

期待……」

理查更努力思考了。他看著老婦人手中的水。她並沒有喝，而它再次提醒他財富之井裡的水。這讓他想到花園中噴泉裡的水。這讓他想到河流和海洋中的水。

他努力地思考水，以及他遇到的這些人是用水來做什麼事。村裡的每個人似乎都只是把井裡的水喝掉而已。

但昨天他遇到的每個人似乎是用不同的方式來評價水。他們好像完全不用擔心財富之井的水不夠喝。他們透過不同的方式找到水的價值——同時也是一種更有意義的方式。

他知道當中有他需要理解的某個部分。透過昨天的旅程，他可以使用的水總是有更多，而且會越來越多。他想起驗光師所說的：

★ *「3. 你所看見的，就會是你所得到的。」* ★

接著他想到昨晚當他沒有帶回井水時，他父親很痛苦，於是心情突然轉變。老婦人似乎知道理查在想什麼，低聲說：

「水、水、到處都是。但沒有一滴是用來喝的。」

理查開始看得更清晰。他點頭並看向玻璃杯裡的水。「那麼，那是做什麼用的呢？」

「很少有人像你一樣，理查。很少有人詢問如何變得富有。很多人到我這裡來尋找財富之井，所以我會告訴他們財富之井怎麼走。但難道你不知道嗎？大多數人甚至連這也沒問。他們來，只是簡單地告訴我說他們渴了。」

「對於那些人，我就把杯子裡的水給他們。」

「一旦他們解渴了，他們就不會走任何一條路。他們就轉身回家去了。」

老太太看著理查，他也看著她。他想著那杯水、水桶和大海。她對著他的筆記本點頭示意，他寫下：

「29. 水總是會恢復該有的水位。」

老太太對著理查眨眼，說：「那麼這就是你需要為你父親做的。」她從財富之井裡遞給他一個空水桶。

理查理解似地眼睛瞇成一條線。「所以，你擁有財富之井。」

「沒錯。村裡最富有的女人。」

「但是，這不是真正的財富之井……」，理查繼續說。

老婦人嘆了口氣。「理查，我們全部都擁有那口井。但我的願景是要幫助那些不想幫助自己的人。財富之井不能給他們財富，但它可以給他們安全感。這杯水無法提供安全感，但可以帶來安慰。要過著成功的人生、妥協地活著或是苟延殘喘，這是一個選擇的問題。」

這是真的。任何人都可以踏上理查昨天的旅程，但大多數人沒有，因為他們不願意投入需要的時間來獲得成功。這是他們的選擇。理查想起了旅館老闆所說的：

「*28. 你做的種種選擇造就了你。*」 

「那你為什麼要幫我？」

「因為你有問我。於是我指引你去見有正確願景的人。」

「驗光師。我還沒找到他的願景。」

老婦人笑了，「有的，你有找到。」

理查回給她一個微笑，然後點點頭。他看著她，問了一個更好的問題：「所以第29條之後是什麼？」

「如果你還看不到，你知道答案是什麼；你所看見的就會是你所得到的。」

老婦人給理查信心，「但是理查，我要告訴你，永遠不要放棄尋找下一步怎麼走，因為總有一天你會找到。當你找到時，你會知道財富之井從我們的詞語中湧出，而接下來湧現的就是超越詞語的財富。」

他缺的是什麼？第29條之後是什麼？他知道他缺的就是這一個。他知道，這是到目前為止最重要的一個。

他能感受到他遇到的這些人之間的關聯性，也或者是其連續性。他努力思索他們的話。他沒有看出他們的詞語中有任何他之前沒有注意到的東西。

他必須要成為一個更好的木匠。

在他的29條筆記中有某個地方不對。順序是錯誤的。他需要改變階梯的步驟。他必須要去思考它、記下它、實踐它，及檢視它。

當他答應老婦人會努力思考時，他沒有意識到會這麼難。

第29條之後是什麼？答案似乎就在他的後方。但是，當他不得不重新閱讀他的筆記時，答案確實在他的前方。他決定不退而求其次。他會重讀他的筆記，直到他能看到答案為止。

理查呼吸春天的新鮮空氣，知道他曾來過這裡。一天前，或是一個月前？還是一年前？

他看得更加清晰，於是再度看著老婦人。

第29條之後是什麼？

老婦人回頭注視著他，她的眼底漾著湛藍。

那是一雙年輕的眼睛，充滿了活力。理查在那像一池潭水般的眼底中看到幽默和樂趣在跳躍。她的眼睛讓他想起噴泉的水管工人跳舞的模樣，也讓他想起了女孩們游泳的那條河。第29條之後是什麼？

當他盯著她的眼睛看時，穿越時空，他察覺到時間。他可以感覺到時間之流像航行過船旁的水一樣。

當他看著那片湛藍的水，水流平靜下來，而且他可以看到波光粼粼的海洋。他寶貴的時間緩慢下來，然後停止不動。

他摒息以待。

她的眼睛裡閃爍一道光芒，她眨了眼。

最後，他終於看見了。

「全世界都在等待，

期待……」

後記

歡迎回來，謝謝你閱讀這本書。

請注意，這不是一個普通的故事。真正的故事不在故事裡。真正的故事是故事背後一個神奇的故事，等待著被揭曉。那代表只有重複閱讀才能發現。看你是要閱讀第五遍還是第十五遍才能挖到寶藏。

真正的故事在等待，為你提供個人財富之鑰。

如果你還沒有發現本書中真正的故事，你願意這樣就好了嗎？或者是你準備要再多看幾次？

我們設定的標準決定了我們的人生。你的標準是什麼？你是那種好比口渴了，就去裝滿水、把水喝掉，讀完就算的人，還是讀完後會討論一下的人？或是你是那種一定要看到浩瀚的大海才會滿足的人？

你每讀這個故事一次，你的清晰度和專注將會增加。你所看見的，就會是你所得到的。而你看到的越多，你得到的會更多。最終，當你的層級提升時，你會擁有海洋。水總是會恢復該有的水位。

如果你想要的不只是一杯裝滿的水，答案在於思考它並把它寫下來。如果你已經知道，「知道而不去做，等於不知道」，那麼你的筆呢？你有寫下什麼東西嗎？你一直在做些什麼？

如果你想看得更清晰，那麼就要問更好的問題。要質疑你的假設。

除了表面的共通點外，故事中每個顧問給的建議有什麼相似處嗎？你對財富的定義是什麼？

為什麼它們的順序對於創造財富而言是重要的？以及為什麼它們的順序不一定是正確的順序？正確的順序是什麼？

如何重新排列理查的清單順序，讓你更接近第29條之後所該出現的？

驗光師的願景是什麼？

如果理查的故事不是這本書所要說的真正故事，那麼真正的故事是什麼？如果你所看見的，就會是你所得到的，那麼你還沒有看到的是什麼？

你還沒開啟哪些門？問更好的問題即是能打開大門的鑰匙，而當你停止質疑時，門就關閉了。

有兩個更好的問題能讓你更靠近、更快地知道真正的故事，那就是質疑你假設的問題：

1.如果整個故事中的水並不代表你認為的水，那它真正代表的是什麼呢？

2.而如果理查的旅程不是你認為的一天而已，那實際上花了多久的時間？它將需要多少時間？

我們設定的標準決定了自己的人生。你的標準是什麼？你是那種好比口渴了，就去裝滿水、把水喝掉，讀完就算的人，還是讀完後會討論一下的人？或是你是那種一定要看到浩瀚的大海才會滿足的人？你會確實地去思考它、記下它、實踐它、檢視它嗎？

你做的種種選擇造就了你。

所以，請使用這個故事，如同你在灌溉一般。你灑的水越多，你收穫的越多。

使用方法：

使用

洗滌

重複

序幕就在結局裡。

「你需要勇氣成長、
成為你真正想成為的人。」

康明斯

Part2

Think & Action

啟動未來財富的29條筆記

文：許耀仁

WINK and GROW RICH

A step by step guide to making a lot of money

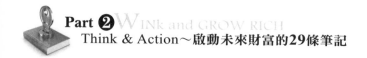

思考它、記下它、實踐它、檢視它

英文裡有句諺語說：「I hear and I forget，I see and I remember，I do and I understand·（我聽到的總會忘記、看到的則會記得、動手去做則會真正了解。）」

有一說這是荀子《儒效篇》中所說：「不聞不若聞之，聞之不若見之， 見之不若知之，知之不若行之， 學至於行而止矣。」的英文翻譯，但不論出處為何，這中英文兩句話都在強調「實踐」的重要性。

在老婦人為小男孩理查指路時，理查原本只寫下「思考它、記下它」這個觀念，而透過水管工人的提醒：「若是試圖只想安全待在岸上、不弄溼身體卻想學會游泳，只是在自欺欺人而已。」理查進一步了解到實際去做，並且檢視成果以不斷修正的重要性。

雖說「開卷有益」，不過我們觀察到有很多人雖然很

有學習的熱情與動力，但卻往往只停留在大量吸收資訊的階段，在讀完一本好書或上完一堂很棒的課程之後，彷彿目標只是在自己的學習履歷表上多加一行字一樣，沒有試圖去思考、去消化吸收讀到、聽到的道理，沒有把心得用自己的話記錄下來，當然，就更別提後續會去實踐、乃至於檢視成果並做進一步修正等步驟了。

想當然耳，即便世界上最有智慧的成功者，恐怕也難以協助不願意做到去實踐這四個步驟的人獲得成功。

你打算如何開始讓這個概念成為你的成功習慣之一呢？

現在就從這本書開始，會是一個非常好的選擇。

你可以這麼做：

・思考你在這本書中學到的道理
・準備一本學習筆記本，把心得用你自己的話記錄下來（或是善用本書附贈的筆記本）
・列出一些你能想到的行動項目並確實去執行
・記錄你採取行動之後碰到的狀況，並思考從中學到什麼

選擇你想要到達的層次

在驗光師與理查分享財富之道的時候，提到一個非常重要的重點：

你的財富和你在什麼樣的層次與何等人交往息息相關；而和你交往的人所擁有的才能、志趣和資源當然會決定你能擁有多少財富。

以我們的一句俗話來說，就是「人脈等於錢脈」。

然而驗光師傳授理查的，可不是一般所認知的那種人脈經營術，而是更深層、更核心的要點，了解這個要點，你就能知道如何能把自己「磁化」成能吸引到許多優質人脈的磁鐵。

在第一篇的寓言故事中，驗光師提到人與人溝通有四個層次：交流（Exchange）、連結（Connect）、激勵（Motivate）、啟發（Inspire），並說明了各個層次的差

別；驗光師說，他是以「啟發（Inspire）」他人為自己的目標，而在理查的奇幻旅程將近尾聲時，也做了同樣的選擇。

你呢？你打算以哪個層次為目標？

你選擇要以哪個層次為目標，不僅將決定你接下來能獲得的最高成就在哪個位階，而且，一旦你確定了自己要成為哪個層次的溝通者，你就能調整「焦距（Focus）」，讓自己對「願景（Vision）」有更大的「清晰度（Clarity）」。

而這時，你將化身為一個人脈磁鐵，把對應的人脈吸引過來。

至於來的是怎樣的人脈，就看你自己了。

你所看見的，就會是你所得到的

驗光師對理查說：「選擇你想要到達的層次。你所看見的，就會是你所得到的。學習看見更好的，那麼你就會得到更好的。」

這裡告訴我們要「看到」的重要東西究竟是什麼？

是你對於自己、你的未來、你所在的這個世界、在這個世界上發生著的事、以及你所接觸的人們的「心靈圖像」。

想像在你內在有座電影院，在當中會一直不斷地輪播著許多電影。有些人的「心靈電影院」裡播放的都是充滿歡笑、感動、激勵、成功的電影；而也有許多人，則選擇在裡面播放充滿恐懼、擔憂、受害、沮喪的影片。

而我們的這座心靈電影院有個神奇的力量，就是你在當中最常播放什麼影片，在你的生命中就會吸引來跟那些

畫面一致的事件狀況。

觀察一下周邊的人，你會發現那些戴著「人心險惡」「社會很黑暗」的眼鏡在看世界的朋友們，往往在他們的人生中就一直吸引到能印證他們哲學的人、事、物；而反過來說，願意戴著「人心良善」「世界上充滿美好的事物」的眼鏡在看世界的人，則在生命中往往一而再、再而三地發生各式各樣的好事，來佐證進而加強他們的想法。

所以，如果要應用這個觀念，你的第一步就是得要先知道自己現在在心中「看到」的是什麼？

找本筆記本、拿枝筆，寫下在創造財富這個主題上，你的心靈電影院裡播放的影片內容大多是什麼……

- 就創造財富這個主題來說，關於我自己，我看到的是：

____

____

____

- 就創造財富這個主題來說，關於其他人，我看到的是：

____

____

____

• 就創造財富這個主題來說，關於這個世界，我看到的是：

____

____

____

如果你發現自己目前「看到」的，都是你希望它會成真的，那麼太棒了，請繼續調整焦距，讓那些畫面更清晰，並且更常去看著它們；反過來說，如果你發現自己目前看到的圖像或片段都是負面消極、你不會希望它們真的成真的，那麼你就得幫自己找到能代表你希望實現的願望目標的畫面圖像，然後訓練自己不再去看著那些你不想要的，而要去看著那些你想要的。

切記，你所看見的，就會是你所得到的。

開口詢問，你就會得到答案

在與漁夫對話時，理查對於「開口詢問，你就會得到答案」這個觀念有了進一步的體悟。

「不懂要問，不要裝懂」只是應用這個原理的第一步而已，這當中還有很多需要注意的細節，包括：

- 我要問什麼？怎樣的「好問題」才能得到「好答案」？
- 我要問誰？誰真的有資格回答我想問的問題？
- 我如何跟這樣的人結識並建立關係？

在你願意放下身段，開口詢問之外，你提出問題的品質、你提問問題的對象、你與他們之間的關係深淺，都會影響所得到答案的品質。

比如說，在麥可羅區格西的《當和尚遇到鑽石》一書中就有這麼一個例子：

有一件事總是令我感到驚訝。每隔幾個月，安鼎國際鑽石公司的所有人歐佛就會把我們召進會議室，得意洋洋地揮舞著一本書說：「就是這個！瞧瞧我搭機前往達拉斯途中，在機場的書店發現了什麼！這是解決我們所有的商業問題的答案！它是一本關於如何做生意的最新暢銷書。」

「歐佛，你知道這本書的作者嗎？」

「喔，知道，當然知道，他在全美各地發表演說，談論事業成功之道，非常鼓舞人心。」

「那你知道他一年賺多少錢嗎？」

「這我就不知道了。讓我瞧一瞧。他一年大約賺個八、九萬（美元）。」

「那你一年賺多少錢？」

「嗯，我一年賺幾百萬（美元）。」

「那麼你為什麼要讀這本無聊乏味的書？那個作者一年賺的錢，只不過是你賺的錢的零頭而已。你有沒有發現，這個人所陳述的成功之道，和去年他在另一本書中所說的完全相反？」

問錯人，很多時候會比不問帶來更嚴重的後果。所以，當你要找人問問題時，記得像理查一樣：

「在這樣的情況下，你應該問誰？」

理查笑著說，「我會去請教一個精益求精的人，一個對魚餌這樣的事有熱情的人。」

當然，你得帶著好問題去問他們。

以下是在開口詢問之前，值得你先思考的幾個問題：

- 我接下來一年的事業／財富目標是？

____

____

- 針對這個目標，我有哪些「好問題」？

____

____

____

____

____

- 我的三位的經歷與成就夠資格回答我的問題的可能導師是……

- 接下來一星期內，我會透過什麼方式，來跟他們認識或建立／強化關係，並邀請他們成為我的導師？

學習是一項遊戲競賽

本書作者羅傑・漢彌頓經常以「遊戲競賽」來比喻創造財富的過程。

他在另一本著作《順流致富法則》中，提到當我們願意開始去學習並從事天生最適合的遊戲競賽，並且因而開始吸引到其他也在玩同樣的競賽遊戲的人時，就會有七個能讓你如同漁夫所說的「精益求精」的神奇現象發生，他並特別強調：

每一場遊戲本身都是一個學習循環，你玩的次數、累積的經驗多寡，都會決定你在未來關鍵時刻的表現。

因此，不管你決定要透過哪個方式創造財富，在你開始學習之後，就必須要注意以下幾個重點：

1・你必須挑選最適合自己的遊戲競賽

在作者的《財富原動力》系統中，將成功致富的路徑分為八種，分別是「創作者、明星、支持者、媒合者、商人、積蓄者、地主、技師」，而在這當中，會有一條路徑是對你而言最輕鬆、省力的路徑，當你決定走上這條路徑時，就會有許多神奇現象發生，讓你在成功路上事半功倍。

2．你必須時時提醒自己專注在這個遊戲競賽上

麥爾坎．葛拉威爾在《異數》一書中提出了「10000小時」的概念，他指出不管哪一種專業，要獲得成功的最大前提，都是要有一萬個小時的不斷練習。而如果你一直在改變不同的遊戲競賽，看到有人因為透過創新、發明而發了大財，就想要去走「創作者」的路徑，過了一段時間又因為看到有人透過買低賣高賺了大錢，你就改換方向去走「商人」策略，那麼你要透過「精益求精」累積到10000小時的練習而在你選擇的領域獲得成功，時間就會不斷往後延。

3．你必須要親身投入去參與遊戲競賽

沒有人是透過坐在場邊聽講而學會任何東西的，你無法坐在游泳池邊，光靠聽教練講解就學會游泳——你必須下水去游泳才行！

更多投資你的時間，並把浪費掉的時間減到最低

談到投資，大多數剛起步的財富創造者的反應之一都有：「可是我沒有錢可以投資」。

這是個資源有限的迷思，事實上所有成功創造財富的人都會告訴你，只要有正確的人脈，不管你想做任何事，資金都絕對不會成為你的問題或阻礙。

只要去觀察在事業／財富領域獲得成功的人們的故事，就會發現他們跟絕大部分人一樣，很少是在創業時就有充分的資金、知識或支援；但差別在於，他們都懂得把握自己最寶貴的資源：時間，並對這項資源做最聰明的投資。

上天非常公平，不管是誰每天早上醒來，都同樣被給予二十四個小時的時間，而能否在事業／財富、乃至於人生的任何一個領域獲得成功，其關鍵點就在於是否重視自己的時間價值。

成功者們從不浪費時間做錯誤的事，他們會嚴格地審查所有可以佔據他們時間的項目，然後只把時間投資在那些有助於讓自己朝向目標邁進的項目上。

正如亨利・福特所說的：「我發現大多數成功人士都是在別人浪費時間的時候，得以超前他們。」

有錢人其實不是靠投資金錢而致富，而是靠投資時間。

我們越早開始珍惜我們的時間，就能越早開始明智地投資它。

請拿出紙筆，首先請像理查一樣，把自己目前是如何運用一天二十四小時的時間，畫個餅狀圖出來（見P.46），接著，請再畫一個餅狀圖，標示出你「理想」的投資時間方式。

完成這個練習後，你將對接下來該怎麼調整自己的時間運用方式有更清楚的方向。

多把你的金錢用於投資，並把浪費掉的錢減到最少

針對金錢的運用《月薪兩萬二也要存到錢！》的作者橫山光昭提出了包含「消」「浪」「投」三個大項目的運用模式，這三個項目分別指「消費」「浪費」與「投資」。簡單說，把錢花在你真的需要的東西上，是「消費」；把錢花在你想要但其實並不是真的需要的東西上，則被歸為「浪費」。

他指出儲蓄是累積財富的起點，而透過「消」「浪」「投」的系統看清自己的花錢模式，則是提升儲蓄的重要步驟。

那麼，你目前是如何運用得到的金錢？當中有多少是「消費」？有多少是「浪費」？有多少用於「投資」？

而當你減少浪費，增加儲蓄之後，就可以開始思考如何像《富爸爸》系列作者羅伯特・T・清崎所說的「讓錢為你工作」。

能做到這件事的方式很多，不過在這個階段更重要的是：別忘了「你所看見的，就會是你所得到的」。

所以，請拿出紙筆，跟水管工人描述的方式一樣，繪製一張你目前的金錢流動管路圖。完成之後，問自己「我滿意這樣的財富管路嗎？」

如果答案是「No!」那麼就請再畫一張你理想的財富管路藍圖，並且為自己定下一個要實現這個藍圖的期限。

羅傑．漢彌頓常說：當「What（要做什麼）」與「When（什麼時候要做到）」出現的時候，「Who（誰能幫忙）」與「How（怎麼做到）」就不是問題了。（見P.226）

當你能清晰地看見要建構的藍圖，並且給它一個明確的達成日的時候，你所需的資源就會立刻開始動身朝你而來。

所以，別再拖延啦～～

第 8 條

你的財富之井就在你的詞語裡

成功人士會把像「希望」「應該」「試試看」之類的詞彙都替換為「我要」。

《The Head Mistress》推理驚悚作家Brandi L. Bates

你的思想造就出你經歷體驗的一切實相，而你說話時使用的詞語，則直接反映著你的思想。如果你像理查的父親一樣，嘴裡常掛著「這不公平」「我病了，而且累壞了！」或者像是「這不可能」「這很難」「我辦不到」「不會成功的」「要是……怎麼辦？」「是沒錯啦！可是……」之類的話，那麼宇宙為了不讓你失望，就必須讓你的人生精準地呈現你選擇的信念。

反過來說，如果你常說的是：「我要……」「我確信……」「我可以的！」「這一定會成功」之類的話語，那麼宇宙也必須要讓你選擇相信的世界成為真實。

只要調整你的詞語，就能改變你的世界。

請準備一本筆記本，接下來的一星期之間，只要你意識到自己說話時用了負面消極的陳述句或詞語，就在筆記本上做個記號，同樣的，當你發現自己用正面積極的陳述句或詞語時，也把它記錄下來。

對一般人而言，通常會發現一開始的時候在「負面消極」那一欄裡的記號數量，會遠比「正面積極」欄中的數量來得多，這時，記得不要批判自己，在這個階段你要做的只有忠實地觀察與記錄現況而已。

然而這個練習很神奇的一點是，只要你持續這樣做，你說正面積極話語的次數就會自然提高，而說負面消極話語的次數則會降低……。

隨之而來的，就是你的思想信念會自然跟著改變，而這時，你也絕對會開始在生活中看到許許多多讓你驚喜的正面變化！

第 9 條 財富是起點，不是終點

又一個極為重要的核心觀念。

絕大多數人的想法是：「如果我更有錢一點，我就會覺得富裕。」然而事實上是，你得要先意識到自己手上早已持有真正的財富，進而能看到世界取之不盡的豐裕資源，先在內在產生自己已然富裕的感受，並且先以某種形式付出你已有的有形無形財富之後，你才會變有錢。

就像對園丁對理查說的，當他以豐富的水、日光、耐心與熱情照料花園時，它就以成長、豐富、美好的花園來回報自己。

別再忙於追著錢跑，花點時間靜下來，好好盤點一下現在手上已有的財富，思索看看能用哪些方式把這些財富轉化為價值，然後儘快採取行動。

當你這麼做時，金錢就是不得不出現的必然結果。

第 10 條

播種、栽培、收割

園丁針對「如何成為一個更好的園丁」這個主題對理查說的這段話，非常值得我們時常拿來提醒自己：

「我在每一個我新遇到的人身上、以及我學習使用的每一個新工具中播下種子、我栽培各個關係與投資，並且在時機成熟時，我有意識地去收割成果。如果我沒有收割到成果，那可能是我試圖太早收割、在播種時沒有悉心照顧、或者是在過程中沒有好好地培育它。」

你栽種什麼，就收割什麼。壞種子自然長不出好果實，然而即便撒了好種子，過程中如果沒有專心照料，或者耐心不足，在穀物還未成熟時就硬要收割，也一樣生產不出理想的莊稼。

在故事中，理查示範了如何在「建立人脈」這部分開始去播種、栽培；而如同園丁所說的，這個道理也可運用

在你學習、或者需要去經營的任何東西上。

想想看，在你接下來的人生中，可以如何運用這個原則？請把它寫下來：

熱情就是你的指南針

創造財富的基礎，在於創造「價值」，而「熱情」則是羅傑．漢彌頓的財富架構中，所有你能創造出來的價值的最根本。

他在《順流致富法則》一書中提到：

如果你在你沒有熱情的領域追求財富，那你遲早會回到原點。所謂熱情，是指那種能讓你每天早上從床上跳起來的事情。當我們擁抱我們的熱情來生活，並以自己的熱情為槓桿來借力使力時，便能吸引到能打開我們「財富之流」的貴人、資源和解決方法。

對你而言，那種能讓你熱愛到願意「每天早上從床上跳起來」的事情是什麼呢？

想要成功致富，你會需要投資不少的時間心力，所以一定要做你喜歡做的事情，如果不是這樣的話，你就不會

願意長久地投資必要的時間心力，當然也就得不到成功。

了解了這一點之後，下一步就是要找到你的熱情所在。

針對這一點，羅傑的建議是：

追隨自己的熱情是成功的第一步，要找到熱情就像要找到一雙好鞋一樣，透過分析的方式幫助並不大，而是要真的去試穿看看是否合適。

你可以先撥出一段不被打擾的時間（建議至少一個整天），回顧一下你從小到大曾經對哪些事情有過強大的熱情——那種不管你做再多也不覺得累、不管你學再多還是有興趣、不管你收集了多少資料還是覺得不夠的東西。

通常，你可以透過這些線索找到你的熱情之所在。

如果很不幸的，你過去真的都沒有碰過什麼能激起你熱情的東西，那麼就是你該敞開心胸，多去接觸你未曾接觸過的領域、多去嘗試各種你未曾嘗試過的體驗的時候了。找到你的熱情、讓自己專注在有熱情的領域上，你會發現自己的人生開始自然地快速轉變！

第 12 條

知道而不去做，等於不知道

不管學習任何東西，你的最大敵人之一都是「這我早就知道了！」這句話。

即便創造財富這個主題也不例外。

我常聽到許多人不管用什麼閱讀、聽演講、參加課程或其他方式學習，在過程中總是一副好像自己是評審或主考官一樣，眉頭緊皺、雙手交叉在胸前、用犀利且帶著批判的眼神盯著台上的人，然後在結束之後，他的評語永遠都是「這我早就知道了，在某某書或某某老師的課裡就有講過。」

所謂「太陽之下沒有新鮮事」，確實不管你學習任何東西，你所看到、聽到、讀到的觀念、做法往往在過去就有聖賢哲人或專家們講過了，只是換個角度、換個比喻、換個故事而已，但這表示你真的「知道」嗎？

可以這麼說，凡是你沒有去做過、或者還沒能做到的，你都不「知道」。

未來，當你又想對那些你還沒去做、或者還無法做到的事說「這我早就知道了！」的時候，請提醒自己修改語言，改成：「這觀念我之前有聽過。」「這道理我之前在某本書上讀過。」別再假裝自己知道。

「知之為知之，不知為不知，是知也。」誠實面對自己知道什麼、不知道什麼，是開始成長提升的先決條件。

現在，去接受自己目前對很多東西其實還「不知道」，並以有朝一日要抬頭挺胸、大聲地說「這我知道，因為我做到了！」為目標吧！

價值就是讓財富得以流動的河流

漁夫對理查說明自己是如何透過對提供的產品精益求精，來不斷為顧客提供更多更大的價值，進而為自己吸引來眾多財富。

他說到：「價值就是讓財富得以流動的河流」。

在《順流致富法則》一書中，羅傑進一步闡述了這個觀念，他提到：

金錢的流動，原理上跟河流中水的流動的方式一樣。決定河流中某區段的流量的兩個變數是河的寬度與深度。而對創造財富來說，決定金錢流量的兩個變數就是「價值」與「槓桿」。水會從高處往低處流，永遠都是如此。河流的高度落差決定了水的流速；如果將河流的高度提高一倍，那麼水的流速也會加倍。金錢也一樣，每當有價值落差出現時，就會產生金錢的流動，而且總是由高價值流

向低價值處。

沒有創造出價值、財富，或者是財富的各種象徵物（例如金錢）就不會流動。

所以，如果你覺得金錢流向你的速度或數額不夠快、不夠多，先別急著去抱怨上司、抱怨公司、抱怨政府、抱怨景氣；你應該先想想的是：

「我現在在做的工作，對多少人、創造出多少價值？」

如果你所做的事其實沒有多少價值，或者只能對一小撮人創造價值，那麼流向你的財富數量會比較少、速度會比較慢，是一種必然的結果。

如果你不喜歡這個狀況，那其實方向也已經很清楚了：開始思考你要用什麼方式，來盡可能為更多人解決某些問題、實現某些願望？一旦你開始這麼做，就能創造出夠多、夠大的價值，而財富也就不得不自然流向你了。

第 14 條

成為一個精益求精的人

要讓財富流向你，你就必須要先創造出價值；而要讓財富不斷流向你，你就必須不斷精益求精，讓自己能持續地為他人帶來更大的價值。

作者在《順流致富法則》一書中，以一個非常精妙的比喻來說明一般人與富人之間的差別，他說：

財富就像一座花園。花園照顧得越好，蝴蝶就越喜歡，也因此這花園就能吸引到比較多的蝴蝶。成功的財富創造者們從來不會去用織網捕蝶的方式，他們會把心思花在建造一座能吸引人的花園。

簡單說，真正的富人會把心思氣力放在「我如何讓錢自己來找我？」而一般人則是庸庸碌碌於「我怎樣才能賺到錢？」

對於你選擇的領域精益求精，就是一個「建造花

園」、讓蝴蝶（金錢）自然被吸引過來的強大方式，當人們知道你能以更快速、更便宜、更簡單的方式解決他們的問題或實現他們的願望時，你根本就不必花費太多力氣，就能讓他們蜂擁而至。

第 15 條

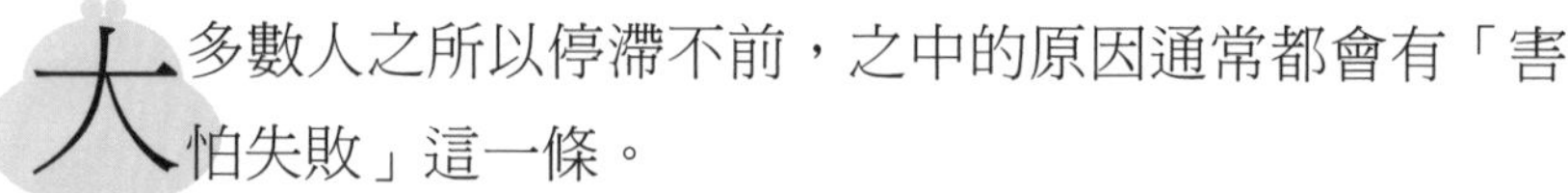

把失敗列於計畫中

大多數人之所以停滯不前，之中的原因通常都會有「害怕失敗」這一條。

羅傑．漢彌頓提醒我們：

許多人會覺得要增加自己經歷「關鍵時刻」和「學習循環」的次數，是很可怕的事情。雖然我們都知道失敗是通往成功的必經之路，但聽起來仍然令人沮喪。然而，凡是偉大的創業家都有能力克服這一點，因為他們會區分兩種不同的失敗——帶領我們向前的失敗，以及讓我們沉淪的失敗。

這段話深刻地指出一個關鍵環節：即便在思考後能點頭認同「我們都是透過不斷犯錯與『失敗』，才學會現在會的任何東西。」但我們還是很難喜歡失敗時的感覺，尤其是在覺得失敗的後面還可能跟著一群叫做「批評」、

「訕笑」、「自我懷疑」……等的跟班時，更是如此。

好消息是，羅傑並沒有要我們去喜歡失敗、接受失敗、擁抱失敗，而是要我們把失敗列入計畫之中。

就像漁夫對理查說的：

「當我的魚線往下沉時，我計畫會漏掉九百九十九條魚，但會釣到其中一條魚，這代表我的計畫之失敗率高達99.9%。如果失敗率變成99.8%，表示我就能抓到兩條魚，我那天的成果就會多一倍。」

這是成功學之父拿破崙．希爾在《思考致富》一書中所說的成功法則裡，最被人忽視但卻最重要的一條：「正確思考（Accurate Thinking）」的實踐版。

太多人要不就是過於樂觀，認為自己不會也不該遭遇失敗，因此很快被自己完全沒有預料到的意外狀況打敗；而也有很多人過於悲觀，認為自己必然會遭遇重重阻礙、肯定會經歷挫折困難，也因此他們從來不肯跨出第一步。

「正確思考」的最佳應用，就是採行丹．甘迺迪說的務實的樂觀主義：你做最好的期望，但也預先做最壞的打算。

這條筆記說的：把失敗列於計畫中，預先把自己會遭遇的失敗納入考量，這會讓你在創造財富的旅程中都能維持心靈平靜，進而產生更大的力量。

第 16 條

由樹林中看見樹木

要成功地創造財富，你除了要看得見整座樹林之外，也得看清當中的一棵棵樹木。

理查想要「回家去說服父親開始投資時間，建設一個更好的管道系統來照顧一座美麗的花園」的願景就是那整座的樹林，而在他對船夫分享了自己的願景之後，頓悟到自己現在就可以透過幫漁夫修理船隻來創造財富這件事，則是樹林中的樹木。

當理查把自己的焦距從整座樹林調整到想要看到林中的樹木時，就發現到原來自己會的技能，現在就已經可以帶來很多創造財富的機會。

現在，你可以這麼做：

1．檢視你目前寫下的所有心得，並再次寫下你的「樹林」

——你要建造的花園、你要實現的願景是什麼？

2．調整焦距，試著看清當中的「樹木」——想想並寫下你可以透過哪些方式，來實現這整座樹林？

完成這個練習，你也將經驗到跟理查一樣的體悟！

第 17 條

機會存在於每一刻

商機機會就像巴士，總是有另一輛會來。

——理查．布蘭森

關於機會，羅傑的進一步闡述是：

機會有兩種，但我們常專注在錯誤的那一種。一種是內向外的機會，這是我們自己創造的機會——一個新構想、一個新的商業觀念、一次嘗試冒險。許多人誤以為這是我們的財富所在，而這就是為什麼我們永遠踏不出第一步的原因。而外向內的機會則是別人傳給我們的機會。當順著自己的流走時，吸引到的外向內的機會之品質就越高。

理查．布蘭森向來是吸引外向內的大師，當機會到來時，如果他已經決定要把握機會，他會把新創的事業切割

開來，讓它有獨立的組織架構、團隊和資金。一九八四年當布蘭森忙著「維京唱片」的事業時，有名美國律師來找他請他注資給一家航空公司。他計算了一番說：「如果我可以把一切事情都控制在一年內——包括雇用合約、飛機出租、匯率以及開啟航線所牽涉的每一件事——那我倒是很想著手一試。」他把握這個機會成立了一家獨立的公司叫「維京航空」。事業因此蒸蒸日上，十年後，他賣掉了維京唱片，以便讓他的航空事業進一步成長。我們經常忙於抓住自認為寶貴的內向外機會，結果卻讓外向內的機會從我們身旁溜走，最後到了比較善於把握機會者的手中。

巴菲特的忠告：「機會來時，你要採取行動。我這一輩子有好幾段時期，獲得許多迎面而來的構想，而我也曾經歷很長的乾旱期。如果我在下個禮拜有什麼想法，我會馬上採取行動。」

除了瞭解機會的類型與來源，以提醒自己不要錯失良機之外，我們可以在理查與船夫的互動中學到的另一要點是：很多時候最佳的成功致富機會就在眼前，只是你看不見而已。

賈伯斯當年在史丹佛大學的演講中，提到了這麼一段故事：

「……就這樣追隨我的好奇與直覺，大部分我所投入過的事物，後來都成了無比珍貴的經歷。

比如說，里德學院擁有幾乎是全國最好的英文書法課程（calligraphy instruction）。校園裡的海報、教室抽屜的標籤，都是美麗的手寫字。我休學去學書法，了解那是怎麼做的，學了serif 與san serif 字體，學會在不同字母的組合間變更字間距，學到活版印刷偉大的地方。書法的美麗、歷史性及藝術，是科學文明無法取代的，令我深深著迷。

我從沒想過這些字，會在我的人生有實質的應用。但十年以後，當我設計第一台麥金塔電腦，腦袋浮現了當時的所學，我把這些字體都放進了麥金塔裡，這是第一台能印出漂亮字體的電腦。如果我沒愛上書法課，麥金塔就不會有這麼多變化的字體。

後來Windows（微軟）抄襲了麥金塔，如果當年我沒這樣做，大概世界上的電腦都不會有這些東西，印不出我們現在看到的美麗字體了。當然，當年還在學院時，是不可能把這些點點滴滴先串在一起，但是十年後回顧，一切就變得清晰明瞭。」

就像理查過去幫父親做木工的經驗，可以為船夫創造價值進而為自己帶來財富，也如賈伯斯大學時代對印刷字體的研究，在未來成為他在電腦界成功的關鍵之一，在你過去人生中累積的點點滴滴，也許現在就已經可以串連起來，轉而成為一個絕佳的機會。

找個不被打擾的地方、安排一段夠長的時間，回顧你過去到現在累積的各種資源，也許你成功致富的最佳機會就在裡面喔！

槓桿借力的關鍵在於你如何運用它

關於「槓桿借力」，羅傑・漢彌頓有非常精采的描述：光有價值並無法造就財富的河流，河流除了深度外，還需要寬度。價值決定金錢流動的速度，槓桿則決定了以該流速流動的金錢數量。有些人以為光靠槓桿來借力使力就能創造財富：「只要能以別人的金錢、時間、專業或知識為槓桿來借力使力，你就能成功致富！」但這和事實相距甚遠。

槓桿的力量確實能大幅提升你賺錢的速度，不過它也同樣能大幅加快你失去金錢的速度。槓桿只能確保每份輸入產生倍數的輸出——但不會管輸入的東西是正面還是負面的。假設你雇用了一群人，但卻未能找到讓他們的時間產生價值的方式，那麼你最後就會比一開始還慘；如果你用融資的方式籌措資金，卻未能妥善利用這些錢，那麼

你會陷入很大的麻煩中。要創造真正的財富，只有一樣東西可以當做你的槓桿，那就是「價值」。在要運用槓桿來借力使力之前，你務必要先找到或創造出價值；再來的要務便是小心地透過槓桿放大或倍增這個價值。內傾型的人透過藏在幕後、以「倍增」的方式借力，問自己：「這件事如何在沒有我的狀況下也能完成？」（如巴菲特、麥當勞的雷・克洛克等）。外傾型的人透過站在前線、以「放大」的方式借力，問自己：「如何讓這件事只能透過我做到？」（如歐普拉、川普等）真正的富人都不是透過讓別人變窮的方式來致富的，反之，他們都是透過讓別人變得更富有的方式致富。

一個人能創造、提供的最大價值，將會成為另一個人的最大槓桿力量。

本書故事中，船夫提到自己一段創業失敗的歷程，當中描述的正是上文提到的「錯誤運用槓桿」時，會發生的事。

要正確地運用槓桿借力的威力，進一步放大或倍增你創造出來的價值，回歸到源頭的關鍵在於故事中的諸位導師們常提到的：「專注成為更好的＿＿＿＿＿＿。」

當你專注於一個領域上（最好是最符合你的天賦優勢

與強項的領域）時，你就能成為其他人的強大槓桿，幫助他們放大或倍增他們創造出來的價值；而於此同時，那些能成為你的槓桿，把你創造的價值放大或倍增，進而為你帶來更多財富的人也會被你吸引過來。

所以，請思考以下這個問題，並寫下你的答案：

「我要專注成為更好的＿＿＿＿＿＿＿。」

恆久持續的財富是隨著韻律節奏而來的

《瑟多納釋放法》的作者海爾·多斯金分享過一個「能讓任何事情變簡單的方法」，那就是：

決定做，然後去做；或者決定不做，然後不做。

聽起來簡單，但絕大多數的人都沒做到這一點。比如說，你的上司可能要求你在明天早上上班之前，就要把一份報告做出來放到他桌上，然而不巧的是，今天晚上剛好是你那即將結婚的死黨的單身派對……

這時，比較常見的狀況是，你要嘛就是窩在辦公室裡加班，但是心裡一直想著單身派對；要嘛就是去參加了派對，心裡卻一直在擔心著報告沒趕出來，隔天上司會怎麼釘你。結果，你要不就是交了報告但因為品質不好同樣被釘，要不就是人在派對裡但玩得也不盡興。

在要做不做的在中間猶疑擺盪，是最辛苦、也最難以產生成效的。

這是船夫提醒理查的重點：要以最有效率的方式獲得最大的成就，我們就必須訓練自己在工作時100%全心投入，休息時100%全心休息。

你目前的狀態如何呢？請拿出紙筆，跟理查一樣畫一張能代表你現狀的圖表，然後畫一張你理想狀態的圖表，並且貼在你常常看得見的地方，這會是一個非常好的提醒。

時間是你最寶貴的資產

關於時間，水管工人告訴理查：

「現在，這個開關每天會滴下24滴水。如果你花時間在那些不會為你的生命增添價值的活動上，也許暫時會讓你感覺美好、或可以打發時間，但這些都是浪費掉的。它們消失不見了，是不會回來的。」

音樂家告訴理查：

「時間和金錢無法相比。錢花完了，你總是還可以再賺。而時間，一旦你浪費掉，它就消失了，永遠不會再回來了。時間是你最寶貴的資產，所以你要多投資在了解時間這件事上。」

各行各業、各個領域的成功人士也都曾做過類似的提醒，比如直效行銷教父丹．甘迺迪也曾說：

「時間是你最寶貴的資源，這個資源一旦浪費掉，就永遠無法再補充回來了。」

所以，他非常嚴格到幾乎不近人情的方式控管自己的時間，不允許自己、以及其他任何人對自己這個「最寶貴的資源」造成任何的浪費。當然，他對時間的珍視，也直接反應在他的成就與財富上。

你是如何看待自己的時間呢？有幾個問題值得你思考並寫下來：

- 你明確知道自己的1小時目前值多少錢，以及你希望值多少錢嗎？
- 你有把自己的時間投資在能讓你創造更大價值的事物上嗎？還是……
- 你常把時間浪費在那些用來「打發時間」的事物上？
- 你常容許身邊的「時間吸血鬼」們恣意吸走你的寶貴時間嗎？
- 你對「守時」這件事的想法是什麼？

回答這些問題，會讓你了解自己目前是否夠看重你的時間，而當然在這之後，你也值得花點時間思考未來是否應該調整自己對這個「最寶貴資產」的想法與作法。

協調一致是財富的基石

羅傑・漢彌頓以下的這段文字對於我們進一步瞭解何謂「協調一致」，會有非常大的幫助：

在自然界中的任何流動都不是持續性地流動著，而是會有漲潮和退潮，因此我們的行動也會需要隨著經歷每次循環而改變。由於每個人都有個主要的頻率和類別，因此，人生並不是我們可以單獨承擔的旅程。成功來自於將我們自己和團隊在正確的時間移到正確的地方，如此每個人便都能在季節展開時，保持在我們的順流狀態之中。

即使我們都聽過諺語說：「趁陽光露臉時備好乾草」以及「不要在冬天播種」，但有些人實在是很糟糕的農夫，往往在業績來的時候放鬆，而業績不好時，才慌張地逼迫銷售團隊多努力。

要了解在這循環中的每個階段，都有我們必須專注的特定活動，並瞭解你的退潮就是別人的漲潮，以及當你的產業或國家退潮時，會有另一個產業或國家正在漲潮中，這些都是維持財富的關鍵。

時間有四季更替

羅傑・漢彌頓在他的《讓事業極速狂飆》年度巡迴演講中總會提到四季更替的概念，他常提醒不管是在你的事業、人生、關係還是其他領域，都會一直在春、夏、秋、冬四個季節依序不斷循環。

就像期望一段親密關係一直停留在充滿熱情的夏季，是個不太切合實際的希望一般，你的事業／財富領域，也必定會歷經四個季節的循環。

這就像太陽東升西落一樣，是宇宙運行的原理之一，所以別浪費太多時間心力想要去改變它。

你真正該做的是，像個聰明的農夫一樣，明白四季更替時對自己的工作會有什麼影響，然後春種、夏耘、秋收、冬藏，在對的季節做對的事。

什麼時候做，跟做什麼一樣重要

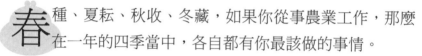

春種、夏耘、秋收、冬藏，如果你從事農業工作，那麼在一年的四季當中，各自都有你最該做的事情。

聰明的農夫，會懂得順著天時，把握每個季節的來臨，把該做的事情做到最好，而不是硬要逆天行事，而像這樣的農人，也往往是能得到最豐碩成果的那一群。

然而不僅只是務農時用得到而已，在你要創造財富的時候，也同樣必須考慮「天時」，知道你選擇的產業是在哪個季節，並且採取最適合的策略。能在事業上獲得長久成功的那些成功者們都做到這一點，如果你也能做到一樣的事，那麼你的成功也就不遠了。

比如說，作者在《順流致富法則》一書中，就將一個事業從初創到成熟分為八個不同的階段，分別是：

第一階段：已獲證實的構想

第二階段：品牌吸引力

第三階段：營運團隊

第四階段：串連市場

第五階段：可供買賣的實體

第六階段：可做銀行擔保的資產

第七階段：能產生現金流的架構

第八階段：可授權的系統

當一個事業處在不同階段時，會有在該階段最應該專注的項目，如果順序錯亂或者專注的項目有誤差，往往就會導致失敗的下場。

比如說，在2000年前後的網路大泡沫之所以發生，就是因為當時的.com企業絕大多數都是在連第一階段都還沒做到（還沒有獲利模式、甚至沒有任何真的有消費者願意掏錢買單的產品）時，就已經跳到第五階段（靠股票上市或者賣給其他大公司來賺大錢）。失敗，是必然的結果。

而如果縮小到個人範疇，在這八個不同階段，各自都是《財富原動力》系統當中一個類型的人最能發揮的時刻：

第一階段：「創作者」型

第二階段：「明星」型

第三階段：「支持者」型

第四階段：「媒合者」型

第五階段：「商人」型

第六階段：「積蓄者」型

第七階段：「地主」型

第八階段：「技師」型

如果你了解自己的「財富之流」是哪一條，並且知道你自己擁有或與他人合作的事業目前在哪個階段，你就能知道什麼時候該積極主導、什麼時候該退一步配合他人，進而以最省力的方式獲得最大的成果。

聰明的農夫都這麼做，聰明的你在創造財富時也該這麼做。

當你進入共振時，就能累積財富

音樂家如是說：

「當你處在共振狀態時，你創造出一種振動，就像池塘裡的漣漪一樣。你創造出最玄妙的吸引力量：你會吸引到最好的人脈、最佳的機會、最理想的環境。在這時，你真正能完全活出你的人生。而當你進入共振時，就能累積財富。」

回想一下到目前為止的人生，你是否有經歷過一種狀態，你在對的時間、到了對的地方、認識了對的人、說了對的話、做了對的事；你沒有費多少力氣，一切都各就其位、自然發生，並且產生你理想的成果？

你不知道那是什麼，但彷彿感覺自己處在一種神妙的韻律之中，一切都輕而易舉。

如果你曾有過這樣的經驗，那麼你或許就多少能體會音樂家所說的「共振」是怎麼一回事。

當然，我們不會滿足於讓能否發生這種「和諧共振」的狀態停留在由運氣來決定的層次，我們會希望它常常發生。

問題是，該怎麼做呢？

音樂家給予理查的指引非常清楚，她說：

「當你找到自己的願景、並且能清晰地看見時，就找到了屬於你的真正財富；當你找到真正的財富時，就知道該如何投資自己的時間；當你懂得該把時間專注投資在哪裡時，你就會創造出價值；當你創造出價值時，你的財富就開始流動；而當財富以一種有韻律且和諧的方式流動時，你就會引起共振。」

拿出你的筆記本，再次檢視你到目前為止寫下的東西，看看現在你對於自己的願景、熱情、過去累積的種種資源、如何透過這些資源創造出價值等問題，有什麼新的想法與體悟。

當然更重要的是：你打算做些什麼不一樣的事情，來讓自己進入這個「共振」狀態？

別忘了：知道而不去做，等於不知道。

第25條 你設定的標準決定了你的人生

當被理查問到自己是如何變成一個更好的旅館主人時，他回答：「我提升我的標準。」

羅傑．漢彌頓在他創造的《財富光譜》系統中，將人的事業／財富狀態分為九個層級，如以下說明：

- 紅外線：受難者——不管你有沒有事業，只要你處在收入減支出為負的入不敷出狀態，就屬於這個層級。
- 紅色：倖存者——收入減支出趨近於零，俗稱的「月光族」。
- 橙色：勞動者——你有固定工作，收入減支出有些剩餘，處於可以考慮是否創業或進行投資的狀態。
- 黃色：參與者——你擁有自己的事業，但自己一個人處理所有的事情。

- 綠色：表演者——你擁有自己的事業，且擁有一個能彼此互補、一起朝向共同目標邁進的團隊。
- 藍色：指揮家——你擁有很多事業，而且每個事業都有可以獨立運作的團隊。
- 靛色：受託者——你獲得市場的信賴，通常光靠你的名字就可以吸引到大筆資金挹注。
- 紫色：作曲家——你有足夠的影響力，可以為市場訂定新的遊戲規則。
- 紫外線：傳奇——你是某種變革的代名詞，對社會產生傳奇性的影響。

在邁開腳步走上財富旅程之前，你會需要回答以下兩個重要問題：

第一個問題，「我現在在哪裡？」

在創造財富的路上，你現在在哪裡呢？

雖然透過《財富光譜》測驗，會讓你對目前的事業／財富狀態是處於光譜的哪個層級有更精準的評估，而且能透過羅傑．漢彌頓在報告中提供的大量真知灼見，了解自

己是因為過去設定了怎樣的標準，才導致處於目前所在的層級，以及要提升到其他層級會需要注意的重點與行動方針等等，不過，你還是可以先依照上面的描述做一個簡單的評估。

第二個問題，「我要去哪裡？」

在創造財富的路上，你的目的地是哪裡？

看看《財富光譜》九個層級的描述，然後想像如果神燈精靈就在你眼前，要許你一個願望的話，你會告訴祂自己希望事業／財富能提升到哪個層級？

如此，你就有了一個新的標準，而若你能要求自己從現在起，就去想你理想光譜層級的人會想的東西、去結交你理想光譜層級的人會結交的朋友、去做你理想光譜層級的人會做的事……訓練自己以這個層級的人會有的標準來過生活。

那麼，你的人生很快就會變得跟他們一樣！

五星級的人生比二星級的人生更輕鬆寫意

你選定的新「標準」是什麼？你的理想事業／財富狀態是《財富光譜》的哪個層級？

在選擇理想的層級時，很多人會有一種想法，認為如果要擁有一個或多個事業、要變成很有錢的有錢人，就會需要犧牲掉很多（比如時間、家庭、健康，甚至還有人會認為得犧牲掉道德良知）。

但事實上這是非常大的誤解。

多去認識那些真正的有錢人，你就會發現當中絕大部分（而且是很大、很大的部分）都會是你這輩子碰過最好相處、最誠實、最大方的人，他們的家庭關係與健康狀態大多在標準以上——而且可能比你好得多。

這時你就會知道，五星級的人生，真的比二星級的人生更輕鬆寫意。

所以，只要你想要，就放心地設定更高的光譜層級吧！要達到更高的光譜層級，並不會比你基於任何奇怪的理由而堅守在「紅外線——受難者」或「紅色——倖存者」層級來得困難……。

不相信的話，多去問幾位有錢人吧！相信他們都會告訴你：要賺大錢比只想多賺一點點錢來得簡單多了。

第 27 條

你塑造的環境就是你的遊樂場

有句話說，「人很難在錯誤的環境做出對的事情」，這是事實。所以，千萬不要低估環境對你的影響。

很多人認為只要鍛鍊自己的意志力，就可以戰勝任何環境的影響，但即便你真有非常強大的意志力，一個有助於自己發揮的環境仍然會是非常好的助力；我們畢竟沒有必要自找麻煩，不斷挑戰自己的意志力，對吧？

想要把書讀好，就要給自己一個適合讀書的環境。

想要工作效率提升，就要幫自己安排一個不被打擾、能全心工作的工作模式與環境。

同樣的，想要在創造財富這件事上有所突破，讓自己幫自己塑造、或者讓自己進入一個有助於我們持續做到該做的事的環境，才能大幅提高成功的機率。

你或許也有過類似的經驗：在你讀了一本好書、聽

了一場精采的演講、上到一堂讓你深受鼓舞與激勵的課程之後，你覺得內在充滿力量，躍躍欲試準備迎接全心的人生，你回到熟悉的環境，想要把你看見的不同視野跟朋友、同事、家人分享，得到的卻總是一桶冷水迎面潑來；然後，你對於自己的人生即將改變的想法開始動搖，你開始懷疑書裡、課堂上聽到的東西也許只是胡扯，不久之後，你的人生又恢復到原來的樣子……。

「如果我的環境就是這樣，那我該怎麼辦？」

丹．甘迺迪曾經舉過一個實際的例子。有一位從事保險業務的女士在演講結束之後，上前來請教他，她說：「在我公司裡，就有那種你說的『有毒』的同事。他每天上班的時候不認真出去跑業務，而是一直跟我說今天報紙上又寫了些什麼負面消息，像是景氣有多壞、經濟有多差、有多少公司倒閉了之類的，我實在是很受不了他，我該怎麼辦？」

丹．甘迺迪說：「跟你的主管說你想換位子啊！如果你主管不讓你換位子，那就換公司，我相信有很多保險經理公司會很樂意多一位有經驗的業務員的。」

猜猜看，這位女士的回應是什麼？

答案是：一堆「可是……」

想當然耳，她之後還是繼續忍受那位「有毒」的同事的負面資訊轟炸，即便已經得到了成功者給予的正確方向指引，她的人生還是什麼都沒有改變。

- 你現在最常待的環境中的人、事、物，能支持你想達成的財富目標嗎？如果可以，為什麼？如果不行，為什麼？

- 如果不行，做怎樣的改變，才能讓你擁有一個對你有益的環境？

回答並寫下對這兩個問題的答案，你會對怎麼幫自己創造一個更好玩的「遊樂場」有更清楚的方向，而在那之後，千萬別讓「可是……」阻礙你採取行動！

你做的種種選擇造就了你

有個酗酒且毒癮很深的男士，有次因為在餐廳看服務生不順眼，犯下殺人罪而被判終身監禁。

這位男士有兩個兒子。十年後，哥哥跟父親一樣酗酒、吸毒，他以偷竊維生，數度進出監獄，後來也跟父親一樣因殺人而入獄、一文不名；弟弟跟哥哥只差一歲，但他不喝酒、不碰毒，成了一家500大企業的總經理，有美滿的婚姻與兩個可愛的孩子。

這樣的差別引起一位記者的注意，他前往訪問這對兄弟，想了解是什麼因素導致同一個家庭出身的兄弟，人生卻會有這麼大的差別。

有趣的是，當被問到「你覺得自己會成為現在的自己，最大的原因是什麼？」時，他們的答案都是：

「有這樣的爸爸，我有什麼辦法？」

是什麼造成兄弟倆的差異？不是出身、不是環境，而是「選擇」。是因為在同樣的狀況下，哥哥選擇了跟父親一樣的道路，而弟弟則選擇「我絕對不要跟父親一樣！」

不同的選擇，導致了截然不同的結果。

要記得，不管你喜不喜歡、滿不滿意，你的人生都是你過去所做的種種選擇加總起來之後的結果；而你現在開始做的種種選擇，也將決定你的未來會是什麼樣子。

據稱愛因斯坦曾說過一句名言：「重複做同樣的事，卻期望有不同的成果，那叫做瘋狂。」

你希望未來能獲得跟過去不同的成果嗎？在透過閱讀，伴著理查走過財富旅程的過程中，你也有非常多做選擇的機會，而唯有跟過去截然不同的選擇，才能獲得截然不同的成果。

你會怎麼選擇呢？

水總是會恢復該有的水位

財富跟水一樣，不管中間有什麼高低起伏，最後總會恢復到該有的水位。

在「Psycho-Cybernetics」這門啟發了許多個人成長相關法門的學問中，提到一個非常重要的觀念：

我們通常不會表現得優於自己認定的「正常」範圍，即便偶爾出現這種狀況，我們的潛意識也會想辦法讓它「恢復正常」。

比如說，如果你認定自己每個月能賺到的「正常」金錢數額是二萬台幣，那麼當你不小心有一個月賺到二十萬時，你的潛意識就會開始閃紅燈、警報嗡嗡作響，大叫說：「警告！警告！超出正常範圍，必須立刻採取行動！」

然後，在你的生活中就會發生一大堆奇怪的事件狀況，讓你的收入再回歸五萬的「正常」範圍。

所以，如果你希望自己的事業財富能夠提升，就必須先想辦法改變你過去在潛意識中輸入的「正常值」；反之，如果你的正常值不變，那麼即便能獲得短期的成果，長期來講你的事業／財富狀態還是會恢復原狀。

從另一個角度來說，當你試圖要和身邊的其他人分享這本書中的精采觀念時，如果跟理查試圖與父親分享旅程中接收到的種種洞見時一樣，被他們拒絕、被潑冷水、乃至於嚴詞批判，這時不要意外也無需沮喪，因為你告訴他們的資訊並不在他們能接受、會感到舒適的正常範圍之內。

那麼，要怎樣才能調整自己的事業／財富水位呢？

答案其實很簡單，透過「不斷重複」。

以這本書的內容為地圖，不斷地對這29條筆記「思考它、記下它、實踐它、檢視它」，很快的，你的潛意識就會接受新的設定，而一旦你的潛意識接受了這個新標準為正常值，就會啟動它的神奇力量，讓各種需要的人、事、物等資源匯聚，以你意想不到的方式把你的財富水位提升到新的層級。

How to

找到自己的財富之流

WINK and GROW RICH

A step by step guide to making a lot of money

在第一篇的故事中，理查在他的旅途上遇到的每一位導師，都透過不同的路徑創造自己的財富。我於2000年開發的「財富原動力」系統中，詳細解說了成功致富的不同路徑。世界各地已有超過80,000名企業家做過「財富原動力」測驗，藉此找到自己的財富之流。現在，輪到你了！

在過去九年中，我親身見證許多企業經營者們，在看清楚他們的順流致富之路後，所能達到的驚人成就。這裡所說的「順流」，就是順著你天生最擅長的能力，不費吹灰之力就能達到成功的狀態。

我看到許多企業經營者們採用「財富原動力」分析系統來了解自己、團隊、夥伴及顧客。在這幾年間，我也看到了很多人將這套系統當作衝浪板一般，幫助他們順著浪潮而起，而成果自然就是從「成長」，進展到「極速成長」。

世上共有八種「順流致富」的道路，所有在事業與財富領域造就出驚人成績的成功人士們都是藉由其中一條道路而獲得成功的。

而這八條道路各自都有不同的遊戲規則以及成功方程式；而你可以找到並進入那條最符合你的天賦強項、對你而言阻力最低的成功致富之路——也就是你的「財富之流」。

如何找到你的「財富之流」？

在過去，你很難找到人來協助你找到自己的財富之流，只能在跌跌撞撞中透過各種慘痛經驗來調整方向。但現在，我要與你分享的「財富原動力」，就能為你帶來這種清晰明確的方向感，它是基於許多比我們早在競賽場上起跑的人之成功或失敗的人生經驗，並包括了當代令人景仰的名人們的生命旅程。

「財富原動力」不是只談某一條創造財富的路徑而已，而是告訴你所有創造財富可能路徑——而其中將有一條最適合你走的路。

進入順流狀態的八條路徑

你可曾有過這樣的經驗嗎？走進正播映3D電影的電影院，發現螢幕上的畫面閃爍而模糊嗎？電影院中每個人都戴著3D眼鏡，於是你也把自己的眼鏡戴上。一戴上後，不僅原本閃爍模糊的畫面變清晰了，而且畫面變成立體的，也就是說你不僅是看到清楚的畫面而已，你還看到了更多——你看到3D的影像。

同樣的，當你透過「財富原動力」的鏡片去觀察周遭不斷發生著的、看似混亂的種種變動，就可以清楚地了解為什麼不同的作者、不同的講師們，所提供的建議會有如此大的差異。你會知道為什麼有些東西對你來說這麼困難，有些卻如此簡單；你也會知道什麼才是你應該要專注的，而哪些東西你可以完全忽略。

就像我的Cityscape公司做的倫敦地圖一樣（你看，它們多少還是有點用處！），不過如果你知道自己要去哪裡的話，那這張地圖就像廢紙一樣了。

每個人都與生俱來擁有一條基於我們天生的習慣與天賦、阻力最低的路徑。當我們沒有走在這一條路徑時，就會必須要辛苦地、掙扎地過人生；而如果我們願意遵循這條路徑，並開始玩我們天生就玩得好的遊戲時，就能脫穎而出。同時，我們也會發現自己在做的就是自己最熱愛的事。

以下，就是我所分析的八種「順流致富」的路徑。

右下的圖表是由八條順流致富路徑構成，這八條路徑各自有它們天生擅長的創造價值與槓桿借力方式。在圖表上方的三種類型——「創作者」、「明星」和「技師」：具有「發電機」頻率，表示他們充滿創意，擅長天馬行空地發想；圖表下方的三種類型——「商人」、「媒合者」和「積蓄者」，則是「節奏」頻率比重較高，這代表他們比較務實。

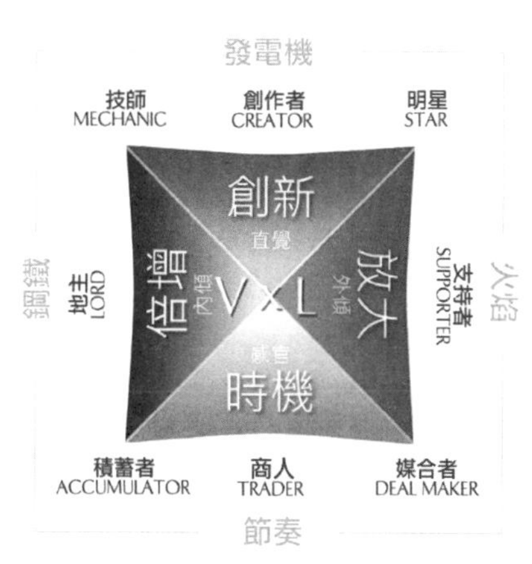

圖表右邊的三種類型——「支持者」、「明星」和「媒合者」，他們的「火焰」頻率比重較高，這表示他們的行為傾向比較偏

向「外傾」型；而在圖表左側的三種類型——「地主」、「積蓄者」和「技師」，則是「鋼鐵」頻率較高，這表示他們的行為傾向偏向「內傾」型。

如果你的「直覺思維」程度最高，那表示你屬於圖表最上方中的某一種，可能是「技師」、「創作者」或是「明星」；如果你的「感官思維」較強，表示你屬於低頻類型中的某一種，可能是「積蓄者」、「商人」或是「媒合者」。

內傾型的人會偏向左邊，屬於「技師」、「地主」以及「積蓄者」；外傾型的人則作向右邊，屬於「明星」、「支持者」以及「媒合者」。所有成功的財富創造者們，都懂得完全專注在藉由最適合他們天賦強項的方式來創造財富。

接下來就一一介紹這八種類型的特質：

創作者：創造更好的產品

「創作者」型的人很擅長開始，但非常不擅長把事情完成。他們的「發電機」能量很高，當碰到麻煩時，會運用他們敏捷的思緒與想像力來處理。當他們能透過各種有價值的方式展現其創意時，就能進入順流狀態。

創作者很難抗拒不斷開創新事物，就算已經把既有的資源、金錢、以及其他人的耐性都消耗殆盡了，他們還是會想要繼續創作。事實上，通常他們最具突破性的創造，都是在大多數人都已經放棄了之後才出現。

在華特・迪士尼完成首部動畫電影之前，他的經銷商破產了；而在他完成第二部電影之前，他把自己的財產都花光了。在1927年，他在製作目前家喻戶曉的米老鼠為主角的「蒸汽船威利」（Steamboat Willie）時，由於資金不足，他寫信給他弟弟羅伊說：「把我們所有的東西都拿去抵押，讓我們用對的方式來完成這件事。」

創作者失敗的常見原因，是他們對於事業和團隊能夠實現的事情往往過度樂觀。這樣的樂觀會使得很多人負荷過重，導致他們只有極少時間能做自己最擅長的事。

屬於「創作者」型、且依循著相同的策略而成為億萬富翁的成功人士有：比爾．蓋茲、理查德．布蘭森，以及已故的史蒂夫．賈伯斯等。

明星：讓品牌更加閃耀

「明星」型的人是優異的推廣者，他們的「發電機」與「火焰」能量都很高，通常都能很快地在對話中找到可以見縫插針的機會，甚至主導整個談話的方向。他們在能以自己的光芒照亮別人時，會比只讓自己成為鎂光燈焦點時表現得更好。

「創作者」搭建舞台，而「明星」則接管整個節目。明星型的人在鎂光燈下能發揮最大的價值，而且是在自己獨立作業時最能找到他們的「流」。因此，他們可以一邊前進，一邊讓自己的吸引力量不斷進化；他們能創造最大價值之處，就是其個人魅力。

明星型的人天生善於為自己創造獨特的身分，而他們也正是透過自己的個人品牌吸引別人。只要強化他們的品牌，他們就能快速地提高自己的吸引力量。許多明星型人物就是因為不了解這一點，而試圖要藉由改善他們的產品、系統或是團隊（這對他們一點也不自然）來打造他們的財富才招致失敗。明星型的人也常會因為別人做不到他們所能做的而感到沮喪，所以如果沒有好的代理人的話，他們會是很糟糕的管理者。

成功的明星型人士懂得透過別人的產品或舞台來借力使力，以施展他們的魔力。他們站在第一線負責發光，讓其他人在後面點鈔票。

屬於「明星」型、且依循著相同的成功方程式而成為億萬富翁的成功人士有：歐普拉．溫芙瑞與瑪莎．史都華等。

支持者：帶領團隊

「支持者」型的人對於處理「人」的事情非常在行，而你會看到他們似乎永遠都在參加派對。他們的「火焰」能量較高，且常會因為跑去支持與協助別人而分心。當他們能帶領著他人一同參與有趣且有意義的探險時，最能進入順流狀態之中。

在明星型的人忙著在發光時，支持者型的人則忙著照亮別人。支持者型的人是最強力的領導者，因為他們可以透過他人，將價值轉換成行動；他們非常擅長給人信心，透過這樣的方式來鼓舞團隊。他們提供黏膠，讓偉大的計畫能夠順利完成，不會支離破碎。

很多支持者無視於自己的豐厚人脈，而辛苦地想創立一個對的事業。這是因為他們問錯了問題，他們該問自己應該去支持哪一個已創造出價值的人，而非問自己該開創什麼事業。像史蒂夫．包默就負責領導微軟，而讓比爾．蓋茲有空間能全心創造；而他在比爾的公司中持有的股份，現在淨值超過十億美金。

在像是公關、獵人頭公司及諮詢顧問等產業中（那種人們願意花大把鈔票來借用支持者們的人脈的產業），也常可找到支持者型的人成功創業的案例。要找到一個對的人，對別人而言可能要花上幾個月的時間，支持者型的人可能只要一通電話就可以搞定。

知名的支持者型成功人士有：傑克．威爾許，麥可．艾斯納（迪士尼前總裁）、史蒂夫．凱斯（美國線上）、梅格．惠特曼（eBay女王）等。

 媒合者：把人們媒合在一起

「媒合者」型的人的「火焰」與「節奏」能量較高，因此他們較為務實，具有高忠誠度、對於時機點的掌握非常敏感、並且會時時確保每個人的狀態都OK。當他們有機會能為了讓大家都獲益，而將不同的人與各種點子串連起來時，最能進入順流狀態。

「媒合者」型的人跟「明星」與「支持者」型的人類似，都是站在第一線上，透過放大資源的方式來借力使力。不過明星們像是活在雲端之上，而媒合者則較為實際。媒合者活在當下，透過抓住正確時機，而非透過創新來創造價值。

成功的媒合者們都具備能掌握商業世界對未來的想像的能力，他們透過豐富的肢體語言，在談笑間就能賺得數百萬美金。在八種類型中，媒合者型的人是最仰賴與他人之間的關係的一種。

明星型的人提高自己價值的方式是讓自己越難找越

好；而媒合者越容易讓人找到與接近，其價值就會越高。這類型的人常常到處跑，而且常一直在講電話，他們藉由注意到市場中相關連的方式，創造他們的財富。當他們媒合的交易完成時，創造出來的新價值將使過程中相關的每個人都更豐富。

媒合者型的人如果做得很辛苦，通常是因為他們卡在試圖要開創新事業、或者構思細節這些部分，而會這樣的原因通常是他們覺得常往外跑、跟人吃吃喝喝、打打交道，好像過得太美好了一點！每一個成功的媒合者都選定了一個明確的利基，也因而能吸引其市場中的最佳交易。媒合者型的知名成功人士包括：唐納・川普、大衛・葛芬（夢工廠）、以及梅鐸（新聞集團）等等。

商人：買低賣高

「商人」型的人有很高的「節奏」能量，因此他們相當務實，而且永遠知道誰把誰惹毛了，以及要怎樣才能讓事情公平一點。他們天生就比較安靜，通常只有被詢問意見時才會分享自己的看法；在有機會能負責確保氣氛平和與讓事情準時發生時，他們最能找到自己的財富之流。

「商人」型的人是「時機」方面的專家，不過他們不像媒合者型的人透過媒合各種資產和資源來賺錢，而是透過實際去買賣資產獲取金錢。外傾型的商人通常會從事可以透過討價還價的方式來影響價格的事業；而內傾型的商人則比較喜歡透過分析的方式做買賣，比較不喜歡面對面談價，所有成功的證券交易者都屬於這一型。

「創作者」型的人會需要沉浸在自己的世界才能創造財富；而「商人」型的人則需要盡可能抽離。如果把商場比喻成交響樂，那麼「創作者」型的人就是作曲家，而「商人」型的人就是指揮家。這一型的人的價值來自於當其他人被潮流給困住時，他們卻能在浪頭來時順勢而起。

很多失敗的「商人」型人士從未掌控過任何交易。他們通常在公司裡扮演可靠、認真的員工，要不就是當買方、要不就是當賣方，很少兩個角色兼具。而通常唯有在有機會同時擔任買賣雙方時，他們才會意識到自己有這樣的天賦。

知名的商人型成功人士包括：喬治．索羅斯（量子基金）、彼得．林區（美國最大的投資基金——麥哲倫基金領導人）、約翰．坦伯頓（反向操作的億萬富翁），以及吉姆．羅傑斯（羅傑斯國際商品基金）。

積蓄者：收集可增值的資產

「積蓄者」型的人是非常好的專案管理者與研究人員，他們的「節奏」與「鋼鐵」能量較高，對於自己的工作總是兢兢業業。不要期望他們能很有創見，他們的順流狀態在於去收集並組織既有的事物。

「商人」型的人藉由加快金錢的流動速度來創造財富，而「積蓄者」型的人則是透過使其流動速度減慢來創造財富。他們不是透過買賣的波段來賺錢，而是透過買進並持有會上漲的資產來賺錢。如果以足球賽的不同位置來比喻各種不同類型的人，那麼「明星」型的人就是前鋒，而「積蓄者」型的人就像守門員一樣，穩定且可靠。明星型的人花費很快，而積蓄者型的人很容易就能存錢。

積蓄者型的人之所以失敗，通常都是因為他們太孤僻，沒有為自己建立一群願意代替他們出去建構人脈的擁護者；他們很少衝動行事，而且如果沒有事先設好行動時的準則，那他們很容易就會失敗。他們做決定前，通常需要參考很多的資料，也因此常被人誤以為喜歡拖延。

只要積蓄者型的人有了對的團隊，他們就能讓團隊穩定，而這同時他們自己也會被提昇起來。他們能確保每件事都就定位，而且需要完成的事都會在時限內完成。成功的積蓄者們樂於穩紮穩打，當別人飛得高又遠時，他們只要能負責把風箏線握好就會很開心。

知名的積蓄者型成功人士包括：華倫．巴菲特，班傑明．葛萊漢（華爾街院長）、李嘉誠等。

地主：掌控現金流

「地主」型的人的「鋼鐵」能量強大，對細節非常擅長。他們不會是房間裡聲音最大的那一位，而是非常擅長研究資訊，並在深思熟慮之後做出決定。在有機會負責處理跟細節相關的事物時，他們會有最好的表現。

「地主」型的人喜愛細節，而且以節儉聞名，他們往往能在不需實際擁有資產的狀況下，從資產中擠出現金流。

洛克斐勒並沒有實際擁有油井，但他仍在石油產業成為億萬富翁；世界鋼王米塔爾不需要擁有任一座礦山，也成為鋼鐵大王。地主型的人，不管其專業所在是日常用品還是土地，都具備同樣的耐心和毅力，去蒐集以及善用他們所找到的每一分錢。

由於「支持者」型的人行為模式屬外傾型，因此他們重視人甚於數字；而「地主」型的人則屬於內傾型，他們重視數字更甚於人，且不願浪費時間在處理人際糾紛或是去注意枝微末節的事。

地主型的人喜歡確定性，而比較討厭風險；此外，他們也比較喜歡獨處。還沒能成功致富的地主型人士通常是因為他們還沒發現自己的分析能力、厭惡冒險以及對掌控細節的需求，其實就是他們最大的優勢。

知名的地主型成功人士包括：安德魯・卡內基（鋼鐵英雄）、拉克希米・米塔爾（英國首富），以及謝爾蓋・布林（Google的創辦人）等。

技師：讓系統更完美

「技師」型的人的「鋼鐵」與「發電機」能量都很高，擅長完善各種事物，天生的完美主義者傾向，使得他們看似需要比較久的時間才能把事情完成。他們在有機會能把事物拆解開來，然後再找到更理想的方式組裝回去時，最容易進入順流狀態。

如果說創作者型的人需要放手讓自己自由想像，那麼技師型的人則需要常實際動手去做。創作者們擅長啟動計畫，技師們則很擅長收尾。技師型的人是完美主義者，所以他們很難不持續探究能把事情做得更好的方式。不像明星型的人喜歡在幕前發光，技師們喜歡在幕後修修補補。

他們喜歡親手修改或調整自己的系統，對研究如何改良事物特別有興趣；許多技師型的人還沒有走上成功之路，是因為他們一直在試圖釐清自己到底要創立哪一種事業。

許多技師們的公司雖然擁有比他們的競爭者更好的

系統，但是他們卻沒能善用這樣的系統，透過他人所製造的、更強大的產品來借力使力；另一個常見的狀況是，他們的事業因他們較為獨裁的管理風格，以及高員工流失率，導致事業的發展無法突破。

成功的技師們會將事業中大部分的區塊委派給其他人處理，然後自己繼續專注在微調他們的系統這部分。這是他們能創造出最佳成果的領域，也是他們能獲得最大滿足感之所在。

知名的技師型成功人士包括：亨利・福特、雷・克洛克（麥當勞創辦人）、山姆・華頓（沃爾瑪創辦人）、以及麥克・戴爾等。

神奇金鑰

所有教你「如何做」的書，都得要提供神奇金鑰給讀者，不然就稱不上完整，這本書也不例外。不過與一般表演魔術的人不同，我會直接告訴你這把金鑰是怎麼產生神奇的效果。這是一把能讓你在這些趨勢浪潮上順勢而起的鑰匙；這是一把讓我們能持續走在固定的路徑上，但卻能隨著浪潮優游自如的鑰匙；這是把藏在所有成功企業家的歷程中的共通鑰匙；這同時也是讓蝴蝶能破繭而出的那把鑰匙。

「什麼東西讓事物固定在原地，卻又沒有把它們固定在原地？」

我在劍橋學的是建築，其中一位教授非常古怪（事實上，很多教授都很怪），常常會講一些謎語。在我大一的某日，我們針對「流」的形式做了團體討論，探討是什麼導致了建築中的運動。

他說：「萬事萬物都是由『三』所組成。」我們好奇地看著他。「畢達哥拉斯！」他這麼回答，彷彿覺得這樣解釋我們就懂了。我們繼續看著他，且更疑惑了。他試著解釋道：「自由的程度，取決於移動的幅度！如果三者當中有兩者固定，那麼第三個也會固定下來。這第三個元素，就是創造出自由的元素。永遠是第三個元素，而且永遠是隱而不顯的。」

在他最後一次嘗試釐清這個觀念時，他說：「把三角形建立起來，問題就解決了三分之二。」我認為這個觀念應該很重要，因此有把這點抄下來。教授這時又點了點頭重複道：「畢達哥拉斯！」好像怕我們指控他胡扯一樣。那堂課就這樣畫下尾聲。

兩年後，我到香港去玩風帆。當時有個大型颱風接近，雖然風勢越顯增強，當時我還是瘋狂到堅持出海。不是說天啟總是出現在最不可能出現的時候嗎？

在每個回合中，速度都越來越加快。浪變得越來越大，我的風帆越來越難控制，每次轉向時，我都覺得自己快要被甩出去，速度越來越快、越來越快⋯⋯。在一陣混亂中，我突然進入「力量區」——風帆與風向的角度恰到好處——這時我的速度從快變為超級快。

在我為了保住我寶貴的生命而緊抓著風帆不放的同

時，一個神奇的體驗發生了。當周遭的海水隨著模糊的視野飛逝時，我突然間覺得風帆是完全的靜止狀態。我沒有感覺到自己在移動，反而覺得我和帆一樣靜止在原處，是這世界經過我們。我看著我的風帆在浪頭上跳躍，我看著帆與衝浪板間的萬向接頭不停朝各個方向轉動，帆上的風與衝浪板底下的浪的力量，全都集中在那一點之上。

一切都安靜了下來，我覺得自己與那顆小小的塑膠萬向接頭彷如一體，我們將一切結合在一起；在那一刻我處在完全的放鬆狀態，萬向接頭為我做了所有的工作。在那一剎那間，那位教授的話語縈繞我耳旁：「第三個元素，就是創造出自由的元素。永遠是第三個元素，而且永遠是隱而不顯的。」

我記得後來我跑回房去躲雨。我記得我把大門打開，盯著我過去從沒注意過的鉸鍊。後來我又看了窗戶、廚櫃上的鉸鍊。我也打開冰箱，及在房裡所有可以活動的東西。在那之後，我開始感覺我的手、腳、手指、腳趾的各個關節……我找到那「第三個元素」了。

我是個創業家，因此我開始在我尊崇的偶像們身上尋找這第三元素。我發現都有「鉸鍊」的存在，它將這些偉大領導者們與不斷變動的市場緊緊接合在一起。

丹尼斯・克羅利是以同樣的鉸鍊創立「Dodgeball」和「Foursquare」，那個鉸鍊是一個具有明確準則與標準的「產品範本」，不管市況如何，所有的新創事業都必須符合這個範本。他做的跟史帝夫・賈伯斯（蘋果電腦創辦人）、理查・布蘭森以及其他「創作者」們都一樣，你看不到這個樞紐，但它卻存在他們所做的一切之中。

彼得・泰爾在投資Paypal、臉書和LinkedIn時，也是用同樣的鉸鍊：一個具有明確準則與標準的交易範本，讓他能清楚分辨什麼是對的交易，而什麼不是。他的作法跟唐納・川普和其他所有成功的「媒合者」們都一樣。就像在玩拼圖一樣，他們很快地瀏覽過每一塊拼圖，然後跟他們的範本比對一下，就能找到他們想找的那一塊。

我們每年都會從某個A點到達某個B點。當我們走在路徑上時，因為視野的關係看不清全局；而如果我們先離開路徑，由不相連的第三點來看這條路，這時，我們就建立起一個三角形。當我們以這第三點為我們的關鍵樞紐、我們的「鉸鍊」（具有明確準則的固定範本，讓我們可以拿來比對所遇的機會與所採取的行動是否正確）時，就會發現其實只有它需要固定不變，而其他東西都可以自由活動，就像操場上的鞦韆一樣。

「把三角形建立起來，問題就解決了三分之二。」

——畢達哥拉斯

前文提到的八種類型的人，各自都有其關鍵樞紐——一個他們依循的不同範本。這就是要從「成長」進入到「極速成長」的核心關鍵，同時也是你要進入並停留在順流狀態的基礎。什麼東西讓事物固定在原地，卻又沒有把它們固定在原地？答案是「鉸鍊」——你的關鍵樞紐。在生活中，你的「價值範本」會是你的關鍵樞紐；在你衝浪時，你的衝浪板是你的關鍵樞紐；那麼蝴蝶呢？蝴蝶是個神奇的活體鉸鍊，有翅膀能在天空翱翔。

造錢機器

在我開始講解八條通往「極速成長」的路徑並開始邁向未來之前，我想先帶你回到過去的時光。在這個我們所在的機器時代，我們實在是應該要往後退一步來問一問這個問題：「到底機器是什麼？」

我們開著稱為「汽車」的機器、我們用「洗衣機」來洗衣服、我們用各式各樣的機器來上網、並用稱為「事業」的機器來賺取金錢。這些機器所擁有的共通點就是，它們都是運用槓桿來借力使力，機器讓我們能以較少的力氣完成更多的工作。

那鉸鍊算是機器嗎？

華倫・巴菲特能賺到數十億美金，靠的是擁有一個十億美金的「投資範本」，來比對並決定哪些機會是對的機會；馬克・祖克伯則擁有一個「系統範本」，讓他可以知道該對臉書系統進行哪些變更才是正確的。看來擁有一個正確的「鉸鍊」，是可以讓你以更少的力氣做到更多的事情。

然而鉸鍊本身並不算是機器。兩千三百多年前，阿基米得是第一個在討論「簡單機械」的人，當中包含「板手」、「滑輪」和「螺絲釘」。後來希臘人多加了兩樣，而在復興時代，伽利略和達文西將這簡單機械模組增為六個，就是現在的孩子們在學校學到的那六項：斜面、槓桿、螺絲、楔、滑輪、輪軸和轆轤。

所有的事業和產品都能被歸納為這六種機器中的某一類，比方臉書就像是個「滑輪」，使用者們重複造訪臉書，且每次都做相同的事情，透過這樣的方式以較短的時間就能與朋友聯繫，而不用真的到朋友家拜訪。你所看的電影則是一個「槓桿」——你可以在九十分鐘內獲得人家數百個小時辛苦工作的結果，但不像滑輪，你通常不會隔天再重看一次同一部電影。

我就不一一說明這六種機器了，因為重點並不在於機器，而在於「鉸鍊」。這六種簡單機器都必須要有鉸鍊才能運作，「斜面」、「槓桿」和「楔」都是在直線上（就像一次性的產品項目或不會再回頭購買同樣產品的一次性客戶），這三項都和平面有個固定但又能自由活動的連接處，這連接處就是鉸鍊。在學校的物理課中，這被稱為「支點」。而「螺絲釘」、「滑輪」和「輪軸」和「轆轤」都能旋轉，它們和中心點之間有個固定但又能自由活動的連接處，這就是他們的鉸鍊，而這種轉動的支點，就稱為「軸心」。

絕大多數不知何去何從的企業家們，都是因為失去了那個固定點，一旦沒有了支點，槓桿就無法舉起任何東西；一旦沒有了軸心，滑輪將無法轉動。當軸心損壞時，你就不能盪鞦韆、也不能玩翹翹板了。當你的固定點明確時，轉瞬間就能隨心所欲駕馭一切活動和混沌。汽車可以順利加速、船隻可以揚帆啟航、蝴蝶能夠展翅高飛。

在後續的篇幅中，我將揭示「財富原動力」八種不同類型的人所擁有的那個固定不變，而讓其他事物能自由活動的「鉸鍊」之間的差異。當我在創立新事業或增加新產品時，我都能依據我的固定範本，清楚知道這次創造的是什麼機器、確定它符合市場需求、且位於它該在的位置。我所做的事規模越多越大，就站得越穩；而我越是成長提升，就越接近我生而該成為的那個人。

「靜如山，動如奔流。」

「創作者」型的極速成長路徑

我是在「奇點大學」中認識塞巴斯提・特朗（Sebastian Thrun），並有幸成為見識到無人駕駛車「Google Car」的第一批人。塞巴斯提在人工智慧，尤其是機器車輛上有種狂熱，他曾在2005年和他的機器車——「史丹利」贏得競賽並得到DARPA大獎，後來他加入競爭對手的團隊，一起致力於創造無人駕駛車的原型，後來並將它帶到Google。現在，Google已經在許多景點提供無人駕駛的接駁車，而內華達州甚至正在立法要讓無人車在州裡合法行駛。

塞巴斯提的「產品範本」非常清晰。他的「為什麼」就是「用人工智慧創造一個更好的世界」註。他不斷分享無人駕駛車輛能降低車禍、交通堵塞和停車問題的願景；藉由無人駕駛車，將可以節省浪費在駕駛上的時間，更可以釋放出更多的城市空間。塞巴斯提的「如何」，則是藉由各種形式，將關於人工智慧的相關知識分享給所有的人。

在2011年年底，塞巴斯提將他在史丹佛大學開設的人工智慧課程包裝上網，成為網路授證課程，透過這樣的方式讓一般大眾都能參與，觀看他的講課內容，並接受線上測驗而取得證書。他原本是一個習慣對至多兩百人講課的老師，但後來發現註冊他的線上課程的人數竟超過十六萬人。

當這樣的浪潮就在你眼前時，你會怎麼應對？塞巴斯提是選擇拿起他的衝浪板，迎向大浪。在2011年一月底，他辭去了史丹佛大學的教職。

在離開他的工作崗位時，他說到：「我看到了教育的真正力量，這讓我再也無法走回頭路。這就像嗑藥一樣會上癮，我從今以後都無法再在一般的教室中，一次僅教授兩百名學生。」他現在開設了一個名為「Udacity」的線上教育網站。他的頭兩堂線上課程，就是在教授如何建立搜尋引擎以及如何撰寫機器車的控制程式。

在未來幾年，我們將會看到一股線上視頻和線上互動方式的新洪流。網站將轉為三度空間與虛擬世界、鍵盤會逐漸被聲控和觸控取代、智慧手機會和智慧玻璃及隱形眼鏡結合在一起、教育將會轉移到網路上，且絕大多數的教育資訊都會是免費的、3D列印技術將讓我們可以直接印出

實體產品，不再需要支付配送或儲存的費用。沒有人能精確知道這一切將在何時發生，但是趨勢已經非常明顯了。

在這一切來臨時，塞巴斯提都會持續以他的「產品範本」繼續進行教育與創新，以這樣的方式為每一波浪潮做好準備。而他吸引來的學生和贊助者們將會一直跟隨著他，因為他能清楚的分辨出訊息與傳遞訊息的媒介之間的差異在哪裡。他們願意響應他的號召不是因為趨勢，而是因為他擁有能隨任一波浪潮而起的衝浪板。

「創作者」型的人邁向極速成長的路徑，就是要聚焦在持續地創作和創新，依照自己的「產品範本」來測試與度量不同的產品與定價以及想要提供的價值。

塞巴斯提所採取的關鍵動作之一，就是讓自己同時對Google和史丹佛大學都能產生價值。他從一些小專案開始慢慢與他們建立信賴，並藉此取得能藉由他們的品牌進行試驗的機會。這讓他能夠不斷地測試接觸到市場的新路徑，且與其他「創作者」們接觸，了解他們的策略、成功經驗、失敗經驗和從中學習。像塞巴斯提這樣的「創作者」會讓自己保持靈活狀態，當新的浪潮來臨時，他們早就已經拋下前一波浪潮，退回原位並隨時準備好要跳上新的浪潮乘浪而去。

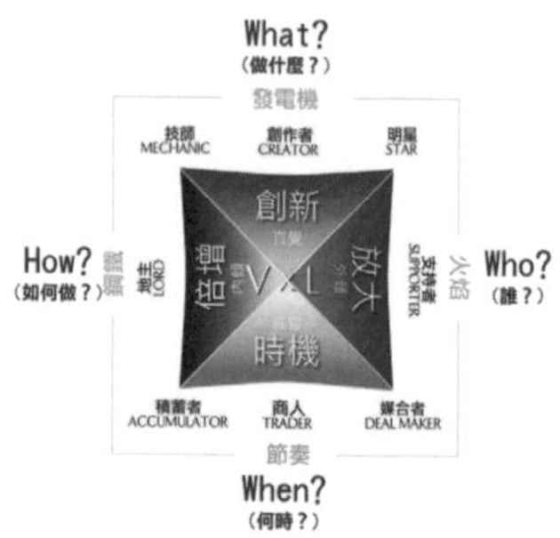

註：羅傑．漢彌頓的《財富原動力》系統除指出八種不同的成功創富路徑與策略之外，也指出八種不同類型的人，依據其本質能量不同，在面對事情時直覺會問的第一個問題也會有所不同。

在《順流致富法則》一書中，羅傑提到：

「發電機」問「什麼（what）？」——「發電機」頻率的人與「什麼？」這類問題相應。在關鍵時刻，他們最可能問：「我該做些什麼？」在腦力激盪時，他們會問：「什麼方式比較好？」、「什麼產品比較好？」、「我接下來該做什麼？」。問關於「什麼？」的問題也可激發創意。

「火焰」問「誰（who）？」——「火焰」頻率的人比較會問跟「誰？」相關的問題。在關鍵時刻，他們會問：「我需要打電話給誰？」、「誰可以幫我？」、「誰知道答案？」比如在九一一事件時，紐約市長朱利安尼一開始不是問「我應該做什麼？」而是問：「我此刻在這裡需要哪些人？」他把這些人集合在一起，救援方案自然就出現了。

「節奏」問「何時（when）？」——「節奏」頻率的人常問「何時？」，這也是他們如此擅長掌握時機的背後原因：「我何時應該採取行動？」、「我何時應該按兵不動？」、「什麼時間最適當？」當商人維持在正確的頻率的時間夠長時，他們「就是知道」什麼時間最恰當，並在這些關鍵的時刻賺到最多錢。

「鋼鐵」問「如何（how）？」——「鋼鐵」頻率的人自然而然會問跟「如何？」有關的問題，而這也是為什麼他們對系統會這麼在行。雖然對某些人而言，這個問題可能導致他們難以起步，因為他們往往因此太過陷入細節之中；不過，當你已經知道「什麼」、「誰」及「何時」時，這仍是一個必須要問的正確問題。

「什麼（What）」→「誰（Who）」→「何時（When）」→「如何（How）」以及另一個不同層次的起點問題：「為什麼（Why）」，在作者的體系中也成為一個完整的思考循環。

在本書中舉出的成功創富者，每一位都是從清楚的「什麼（What）」開始，繼而完成思想循環，因而能獲得成功。

「明星」型的極速成長路徑

2007年時，雷・威廉・強森（Ray William Johnson）在哥倫比亞大學主修的是法律。由於他是Youtube的愛好者，因此決定也要開個自己的影片部落格，當時他的內容比較隨性，沒有清楚的方向，因此一年之後他僅有三十名粉絲。

「明星」型的人天生擅長促銷推廣，但是他們在有能跟人們（清楚的「誰？」）溝通價值的明確事物（清楚的「什麼？」）時，才會有更好的表現。他想要創造出能有病毒式行銷效應的影片，但卻不知道要如何才能做到。所以，他做了第二好的選擇，他開了個叫做「Equals Three」的節目，跟網友分享最新的病毒式行銷成功的影片。藉由固定的節目流程、加上他個人的評論註解，在每週兩部影片的頻率之下，他看到訂戶的數量逐漸增加。

隨著Youtube的觀眾人數不斷增加，雷的病毒式行銷影片也越來越受歡迎。2012年二月，雷的節目成為Youtube

上最受歡迎的頻道之一，擁有五百萬個註冊觀眾以及一億六千萬人次的瀏覽量，於此同時迪士尼頻道的瀏覽量是二六〇萬人次、福斯新聞則是一八〇萬人次。

根據報導，才三十歲出頭的他光靠Youtube的夥伴頻道和產品銷售，年收入就已逾一百萬美金。

雷並未因為擁有這樣的成績而停下腳步，他觀察到MV受歡迎的程度逐漸超過病毒式的視頻，因此在Youtube開了一個動畫MV頻道——「Your Favourite Martian」。當中的影片瀏覽數是原本的頻道的兩倍，隨便一部影片獲得一千萬次的瀏覽量都不奇怪。

「明星」型者的成功關鍵就在於要直接迎向目標群眾，再把他們想要的東西帶給他們。像雷就是對觀眾提出一個當日問題，並在下一次的節目中提供五大最受歡迎影片。雷選擇了平台之後就專注經營這個平台；有太多「明星」型的人都因為分散在太多平台，而令自己分身乏術，因而在每個地方都無法有持續的成果或達到臨界數量。

「明星」型的人的關鍵樞紐不是產品範本，而是他們的「品牌範本」；雷之所以能有兩個成功的頻道，正是因為他擁有的範本。他以最受歡迎的內容來盡可能娛樂更多的人。當他的觀眾口味改變時，他的內容也會跟著更動。

那是一個非常明確的市場：喜歡看網路視頻更甚於傳統電視的新生代收視群。雷婉拒了許多電視節目的邀約，正是因為那並不符合他的成功範本。

Youtube為了迎接即將來到的智慧型電視趨勢（這對電視產業的衝擊，將與智慧型手機對電信業的衝擊一樣龐大），已經開始針對其頻道進行重整。Youtube宣布他們將在個人頻道上投資一億美金，而雷則將因而受惠。他將隨著智慧型電視、行動電視與平板電視的浪潮順勢而起。

「明星」型的人透過其品牌與群眾，將產品的價值進一步放大。每個新平台的出現，都帶來一個在當中佔一席之地的機會，所以別掉進非得要自有產品的陷阱之中，或讓自己的注意力太過分散。訂定固定的接觸頻率，並就此堅守固定的節奏。仔細觀察什麼能激起火花，然後讓火花燃成火焰。這個年代要出名比起過去任何時刻都容易，然而就如雷所發現的，「明星」型的力量並不在於照亮自己，而是在於照亮別人的產品。

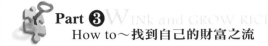

「支持者」型的極速成長路徑

我跟克里斯・安德森（Chris Anderson）和他的太太——「Acumen Fund」創辦人賈桂琳・諾沃葛瑞茲（Jacqueline Novogratz）是在他們去年造訪綠色學校時認識的。克里斯出生於巴基斯坦，並在喜瑪拉雅山上接受教育，後來他選擇成為記者；在1980年代，他創辦了「未來出版社（Future Publishing）」，專門介紹最新的電玩遊戲、科技和設計品。

「支持者」型的人具有領導者的潛質，不是透過他們創造的產品或建立的品牌，而是藉由他們聚集起來的人。「支持者」型的人的關鍵樞紐是「團隊範本」，這裡指的團隊包括他最親近的團隊以及他想參與的社群。

克里斯選定了他的團隊範本，他的「為什麼？」是要藉由科技、教育和設計影響整個世界，而他的「誰？」就是那些已經在各個領域創造變革的先驅們。1986年時，克里斯創辦了「樹苗基金會（Sapling Foundation）」，藉以

「散播偉大的想法」；2001年時，他的未來出版社已經是上市公司，他開始尋找可以將他的成功範本進一步擴大的產品平台，因為印刷媒體的生命週期是有限的。

他後來認識了理察・沃爾曼（Richard Wurman），當時他每年會在加州蒙特雷舉辦一次TED（科技、教育和設計）研討會。克里斯以一千四百萬美金買下了這場活動，並開始擴大這項活動。2005年時，他開始將TED中18分鐘的演講放在網路上免費分享。

「TED從每年一場八百人參加的聚會，在極短的時間之內就成長到每天有超過五十萬人觀看」克里斯如是說：「很多人認為這麼做會毀掉我們的整個商業模式，因為基本上我們就好像把皇冠上的珠寶拿下來送人一樣，然而事實上，這種作法反而讓成長更大幅加速，因為會有更多人聽到TED。」當有更新的平台出現時，TED從不曾落後：現在不管在Youtube上、在iTunes上，在iPhone、iPad和Android的應用軟體上都可以看到TED的演講。

TED帶著其標語「Ideas worth spreading（意為：好點子值得散播出去）」邁入極速成長。其TED Prize吸引各領域贏得首獎的專家們，而當中的演講則又吸引來最聰明的一群人。後來他們又推出TED夥伴方案，並進一步推出

TEDx這個由各地的合作夥伴負責主辦當地活動的方案，這讓克里斯能接觸到全世界最優秀的人才。2012年，TED宣布將為TED2013進行全球性人才招募。他們將在十四個城市舉辦面試，目標是要找到「年輕、聰明、過去未曾被發掘」的人才。

「支持者」的力量在於以其社群作為關鍵樞紐。透過彼此之間的認同和連結，他們創造出一種吸引力量，讓社群能產生其內容和產品。如今，想參加TED會議的門票要價六千美金，而且僅限於受邀參加。「支持者」型的人藉由站在第一線進行價值的放大（所有的TED會議克里斯都是策展人），並透過系統來使其能進一步倍增（免費的影片）。

「支持者」會吸引來想接觸到他們的社群的「創作者」和「明星」們。如比爾・蓋茲、美國前副總統高爾，理查・布蘭森和許多知名人士都被TED所吸引，且隨著趨勢浪潮的更替，還會有更多人被吸引過去。克里斯讓自己持續專注在最能放大TED平台的最佳方式：將所有的訊息個人化—因此衍生出TED MED、TED ED和TED Global等平台。專注在社群的經營上，讓他能持續試驗其他能更省力地將訊息散播出去的方式。

「媒合者」型的極速成長路徑

潔西卡・傑克里（Jessica Jackley）在受到「小額信貸」的先驅——鄉村銀行的創辦人尤努斯一場演講的感召之後，於2004年前往肯亞就職，專門負責支援肯亞的微型創業者。她在那裡發現只要少少的錢，竟然就能建立起一家永續的新公司，進而帶動一些變革。

「媒合者」的關鍵樞紐是成功的「交易範本」。當她觀察微型金融的狀況時，發現對身在肯亞的創業者們而言，即便只是需要一筆小額貸款都非常不容易；同樣的，對西方的一般人來說，即使有閒錢可以借貸給他們，也同樣很難做到。

在2005年潔西卡和他的先生，馬修・富蘭尼（Matthew Flannery）創辦了「Kiva」（在斯瓦西里語當中是「一體」的意思），這網站讓個人可以更容易將自己的錢透過Paypal借出，而那些微型創業者們也可以更容易收到貸款並進行還款。這個簡單的想法後來剛好碰上線上付款和小額貸款成為主流，因此隨即進展到極速成長階段。這網站在接下來的六年內發展成為最大型的小額信貸網路。時至今日，Kiva已貸出了超過兩億九千萬美金的小額信貸，有超過六十九萬五千位貸款人，平均的貸款金額為385美金，而還款率高達98.9%。

在2009年，微型金融的風潮漸趨飽和，群眾集資開始流行。那時「Kickstarter」剛上線，而潔西卡又看到了建構平台來幫助美國的小型企業家募集資金的機會。她和一個朋友在2009年八月時，創辦了profounder.com，讓創業者們可以藉由股權買賣，向投資人取得資金。這間公司在接下來的兩年快速發展，在群眾集資領域獨領風騷。

由於美國的法規使得小型企業要向大型集團取得資金變得更加困難，潔西卡在這個月決定要將Profounder和已是社會企業家社群龍頭的GOOD雜誌合併。潔西卡目前除參與Kiva的董事會和GOOD公司的運作之外，也是「Collaborative Fund」的策略夥伴，這個基金會投資了許多群眾外包網站包括Kickstarter、simple、codecademy及skillshare等。

這些不同的角色讓潔西卡可以橫跨多個不同的社群，然而將一切連結在一起的關鍵樞紐仍是潔西卡的「交易範

本」。她的「為什麼（Why）？」是支持創業精神的成長茁壯；她的「誰（Who）？」是目標導向的社會企業家們；她每次交易的「何時（When）？」則是每當群眾外包環境中有需求出現的時候。

這樣的專注讓她不僅知道該對什麼說「不」，也讓她成為那些正在尋找好的媒合者的人鎖定的對象。在不久的將來，微型金融將會轉移到網路上，「點對點」的借貸會越來越常見。像kickstarter這樣的公司將會變為國際化且提供多國語言、多國幣值。投資者與創業者能直接面對面的虛擬市集將會興起，而行動視頻將會免費化，讓創業者們能夠以更簡單的方式直接與投資者接觸，並將自己的事業展示給他們看。

在這一切逐漸成真的過程中，潔西卡將繼續專注在她最專長的交易類別上，透過繼續建構人脈與關係的方式隨著趨勢浪潮而成長。她的交易規模將跟那些成功的媒合者們一樣，從數百萬成長到數十億的金額。

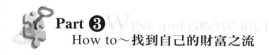

「商人」型的極速成長路徑

2002年，當喬登・音斯利（Jordan Insley）才二十歲時，他聽說了eBay這個拍賣網站，也聽說了可以在上面透過賣一些收藏品來賺錢。他嘗試販賣運動紀念品，卻只成功地賣出了一些。之後他找了份服務生的工作，卻一直隱隱感覺到有股他不想錯過的浪潮即將來到。

在2004年時，他看到了eBay上的主流從販售收藏品轉變成販賣有品牌的電器商品為主。因此他從紐約搬到西雅圖這個位於美國物流樞紐的地方，開始了他販賣手機和相機的生涯。他成立了「QuickShipElectronics」公司，許下承諾要專注於銷售那些賣得最好的商品上，並且藉由提高效率來讓價格更具競爭力。

隨著蘋果推出iPod，他的事業也跟著進入極速成長期。由於喬登已經建立了客群，且在配送上擁有相當好的名聲，他的銷售額突然暴增，一下子就賣出了三十萬台iPod，而年營收超過八百萬美金。現在喬登的倉庫已經由

車庫搬到自動化的倉儲空間，並致力於銷售LED電視和3D HD畫質電視。

「商人」型的關鍵樞紐在於成功的「買賣範本」，他們知道在買賣之間需要賺到多少價差，而當市場可以承受這個利潤空間時，他們就會進行買賣。

從喬登的案例來看，他從eBay的平台起步，持續不斷地跟隨著市場轉變。所有的商人，不論是在販售產品、股票、商品、貨幣、財產或任何其他的資產，都是依循著相同的方式：他們會依照清楚的準則來判斷什麼是好的買賣，也對於市場未來的走向非常清楚。

蓋比・雷波維奇（Gabby Leibovich）也是從eBay起步的，但他希望網站裡的產品不要只有電子產品而已（當時eBay上以電子產品為主流），因此，他和他的兄弟海茲，於2006年在澳洲推出了他們自己的銷售網——「catchoftheday」，這個網站每天只賣一種商品。他們的原始目標是每天賣出六十件商品即可。

接下來極速成長發生了，一波由Groupon和Living Social引領的「每日一物」浪潮湧向澳洲，Catchoftheday隨之成長至每天銷售三千到四千件商品。蓋比說：「我們現在有六百個供應商，且是供應商們想要處理庫存時的絕

佳地方，這就是我們成功的祕訣。

在2010年，蓋比和海茲看到了從團購的趨勢，進而推出Scoopon，這網站自此成為澳洲最大的團購網；我們之前將Vision Villas度假中心的五夜行程放上Scoopon網站銷售時，在三天內就賣出超過一百組。

2011年十月，這對兄弟將40%股權以八千萬美金賣出給包含詹姆士・派克（James Packer）的投資集團，在他們預期這兩個網站在來年應該會以倍數成長。

這兩個網站的「買賣範本」其實有個相同的「為什麼？」，就是接觸澳洲的龐大消費市場；而其「何時？」則是每日一物以及24小時的週轉。每一筆買賣都有必須達成的固定收益，而隨著科技和消費習慣的改變，蓋比也會跟著改變。最重要的是，蓋比在對的時間點離開了eBay，也才能乘上新的團購浪潮，進而收割豐碩的成果。

「積蓄者」型的極速成長路徑

「積蓄者」型的人的關鍵樞紐是成功的「收集」範本。

積蓄者們不喜歡拋頭露面，喜歡收集、組織和分析事物，像華倫・巴菲特，卡羅斯・史林（Carlos Slim）和李嘉誠都是依照著他們在「何時」該收集和「如何」靠著有效率的資金流動成功範本，而不斷累積他們的資產。

當Web 2.0的趨勢進入秋季時，就是「積蓄者」開始順勢而起的時機了。就在上一波網路趨勢，Paypal和eBay引領風潮時，就是「積蓄者」開始大肆收集的時候了。

班・席伯曼（Ben Silbermann）的嗜好是收集昆蟲，他小時候的嗜好之一就是昆蟲學。住在愛荷華州的他說：「我瘋狂地收集昆蟲」。在成長的過程中，他也從不認為自己會創業：「小時候，我總是很崇仰企業家們，我覺得他們是很酷的一群人，就像籃球選手一樣是很酷的人。我覺得雖然他們可以用灌籃來賺錢很酷，但我不會是那樣的人。」

他找到了一份在顧問公司製表的工作，之後到在Google的廣告部門製作圖表；兩年後，他離開Google並創立了一家專門幫人收集東西的公司。他朋友開始著手架設一個網站，由於他是「積蓄者」，因此這需要花頗長的時間，光是首頁畫面就做了五十個版本。就在2010年三月網站上線時，沒有半個人來訪。班回憶道：「這就好像我們明明不想隱身的，卻自動就變隱形了。」

「積蓄者」很注重隱私，並不是很有創意的一群人。當班和他的兩個夥伴推出網站時，是設定為僅有受邀者可以進入。這網站的名字：「Pinterest」則是由班的太太取的。

慢慢地，隨著時間和口耳相傳，使用者人數開始增加，那些像班一樣，只對收集和整理影像和自己喜愛的產品感興趣的人們，都覺得這網站簡單得令人耳目一新。不需要多和朋友聊天或回應朋友的請求，每個人都只需要安靜的上線，將他們的收藏釘在公佈欄上，並瀏覽其他人的公佈欄就好了。

Pinterest剛好抓住了社群媒體的重心從「對話」轉移到「策展」的趨勢。從2011年七月到2012年二月，其訪客數從一百萬暴增到一千兩百萬，讓它成為最快達到這數字的

網站。

在2011年年底，矽谷的風險創投者安德里森·霍洛維茨（Andreessen Horowitz），對其投資了二千七百萬美金，而他們的市值估算有兩億美金。

所有能進入極速成長的故事都有個共通點，就是他們不是靠著在努力游泳想趕上浪潮，而是讓自己鎖定在固定的成功範本上，在對的位置等著浪潮來到。像班就有個非常簡單易懂的「收集」範本。

未來我們將可以看到這個「策展」和「收集」的階段繼續擴大。 Google過去是採用Web 1.0的方式，雇用一大群人來做到「組織世界上的資訊」；而Pinterest則是以Web 2.0的方式，讓大眾來幫他組織資訊。在Web 3.0來臨後，整個網路會變成一個三度空間，那時我們將會看到同樣的循環再重演一次。

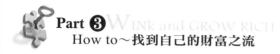

「地主」型的極速成長路徑

「地主」型的人很喜歡分析，像傑克・多西（Jack Dorsey）在十三歲時的嗜好就是路徑規劃；是的，在同一時間協調出多條可行的路徑。事實上，他的路徑規劃軟體到現在還被許多計程車派遣公司使用著。

「地主」型的關鍵樞紐就是他們成功的「配送」範本。在2000年傑克二十四歲時，他有個關於「零阻力的服務市場」的點子浮現，並開始構思是否能將他對於配送網絡的想法應用在通訊市場上。

傑克加入了由Blogger的創辦人艾弗・威廉斯（Ev Williams）經營的一家新公司「Odeo」。這家公司的主要工作項目在於將電話訊息轉為MP3格式，並能直接放在網路上；後來在2005年，蘋果宣布iTunes將內建Podcast平台。Odeo裡的所有人都陷入一陣恐慌，因為他們一點都不想和蘋果競爭。艾弗要大家重新找出新方向，於是傑克將他對於訊息發送的願景分享出來。

一開始時，沒有人真的了解他的範本，但傑克很堅定自己的立場。他認為如果發送訊息給單一個人這件事有價值，那麼為什麼不透過網際網路把它倍增，然後讓使用者能同時發訊息給很多人呢？後來在2006年時，這個團隊推出了「twttr」服務。

雖然傑克竭力跟眾人解釋這服務的用處，但剛開始的進展並不順利。艾弗・威廉斯於2006年九月寫信給Odeo的投資者們，告訴他們說其中一樣產品（後來把名稱拉長變成Twitter）在上線後兩個月只有五千名使用者，他於是歸還了從投資者身上募得的五百萬美金資金。

五年後，這五百萬美金的股份價值提升到五億美金。是什麼改變了呢？正如同所有的「地主」型的企業一樣，事情起步時會比較慢，但是隨著使用者重複進行某些動作的倍增模型，速度就會變得越來越快。這是一種「滑輪」類的系統，當每一個新會員加入時，就等於為這個系統新添了一個輪軸。在2007年時，每一季約會新增四十萬的推文；到了2008年，每一季變成一億篇推文；2010年時，每天的推文量大約是六千五百萬；而到了2011年三月時，每天有一億四千萬推文。

就在2011年年底時，在沙烏地阿拉伯王子，阿維里（Alwaleed）投資三億之後，推特的市值估計約為八十四億美金。而這時傑克・多西已經將他的願景進一步擴展，成立了新的公司——Square。

傑克的配送範本有個「為什麼？」：藉由「由一倍增為多」的方式，讓個人能獲得更大的力量。他的「如何？」是藉科技之助提供可大可小的配送平台——就像計程車上的派遣系統一樣。Square也一樣符合他的成功範本，它讓每個人都能成為自己的銀行，你可以隨時隨地使用你的iPhone、iPad或者是Android手機完成刷卡的動作。

Square透過免費提供讀卡機和軟體的方式，在2010年推出之後，目前已擁有超過一百萬個有效的商店，每天有超過一千萬人透過Square進行付款。在2012年一月，電信供應商——T-mobile開始提供Square讀卡機給用戶，且就在這個月，歐巴馬的競選團隊宣布他們會透過Square來接受行動捐款。而理查・布蘭森、克萊納・帕金斯甚至Visa，也都在去年投資了Square總計一億美金，使這家公司在成立兩年之後，淨值就達到超過十億美金。

網路的主要存取媒介由PC轉移到行動裝置，就是由如傑克・多西等「地主」型的人所引領的風潮；而在他將其關鍵樞紐連結到行動付款之後，便創造出價值十億美金的滑輪系統，在未來兩年內的成績將超越Twitter。

「技師」型的極速成長路徑

「地主」型的人的樣本是由各筆交易的槓桿狀況來度量，而「技師」型的人的樣本則是由流程中每個步驟的槓桿效應來度量。刺激整個速食產業與消費文化發展的連鎖加盟產業與大賣場產業，都是由「技師」型的如雷．克洛克和山姆．華頓所引領的。

那麼「技師」型的人是以其「系統」範本乘著什麼浪潮，而達到極速成長呢？答案就在健康及教育產業裡，這兩個產業都已經進入它們的「冬季」了；現在正在這兩個產業中發生著的事，就像音樂和出版業經歷的崩潰重整一樣——對發佈內容的控制權開始分散，而大眾市場想要的資訊，開始轉向更快、更簡單、更相關、更容易消化的方向前進。

所有印度人應該都認識沙萊曼．罕（Salman Khan）這個知名的寶萊塢明星；不過還有另一個沙萊曼．罕，也正在不同的領域中引領潮流。在2004年時，罕從事的是避險基金的工作，當時他也擔任姪女那蒂亞的數學家教；後來在其他朋友和家人要他幫忙指導時，他建構了一個系統，將他的家教內容公布在Youtube上讓大家都可以使用。

而這個系統的準確、實用性和系統化讓他的影片變得很受歡迎。在2009年時，他辭去原本的工作，開設了「Khan Academy」。他說：「只要花這麼一點點力氣，就可以幫助無數的人，我想不到其他更能善用時間的方式了。」

在2009年，他獲得了微軟創新科技大賞。在2010年時，Google捐贈了兩百萬美金給這個非營利學院。

罕的「技師」教學風格跟「明星」相反，「明星」型的人通常一定會自己出現在影片中，罕的影片則沒有任何人在裡面，只有動畫和配音，教你如何解決困難的數學題。

當問到他為什麼會成立非營利機構而不是成立事業時，罕回答：「當我八十歲時，我想要感覺到我在全世界幫助了數十億的學童獲得教育。我已經有個美麗的妻子和活潑的兒子，兩部Honda轎車和一間舒適的房子，一個人還會再需要什麼東西？」

他的願景在於讓全世界人獲得免費教育。在推出後的

兩年，罕已經製作了超過三千部影片，透過這樣的方式授課超過一億兩千五百萬次。而現在影片內容則已逐漸擴展到物理學、財務和歷史領域。

當教育的浪潮從「在教室裡進行、以老師為中心」的制式教育，轉為「以學生為中心、可在全球任何地方進行」的教育時，像沙萊曼‧罕這樣的「技師」所研發的系統，及像塞巴斯提‧特朗這樣的「創作者」所創作的內容，將會讓越來越多的學生轉而自己組織讀書團體，並由世界上許多世界級專家製作的課程中，挑選免費的教育課程，而不再是到學校去坐在教室裡面對單一個老師了。

如此，我們走完了整個循環，從「技師」再回到「創作者」。在一波浪潮結束之後，永遠都會有新的浪潮出現。這邊所講的每一個極速成長的故事，他們都不是追著浪跑、試圖想要跳上其他人已經在衝的浪，而是保持真實並堅守著自己最適合的範本，以這樣的方式固定自己的關鍵樞紐，進而創造槓桿借力。他們都是從毛毛蟲蛻變為蝴蝶，進而展翅高飛的故事。

態度 vs 高度

兩年內賺到十億美金？真的假的？！這些故事有些是很激勵沒錯，有些則可能也會讓人驚愕。在決定試著寫本電子書的「創作者」跟吸引了160,000位學生的「創作者」之間，有個非常寬的光譜存在著。

每個「財富原動力」類型，都可依據其對事業／財富的現況再分為九個層級，我已經將區分的方式設計成《財富光譜》測驗了。在「橙色」層級的「商人」正在尋求能讓他從上班族變成老闆的策略；而「綠色」層級的「商人」則是正打算跨出自己的事業，開始展開多元投資的一群；而如果是「紅外線」層級的商人，則表示他目前正在尋求擺脫債務。

了解自己目前所在的層級，才能知道在這個層級要採取哪些步驟才能進入下一個層級；就像如果你才剛學會衝浪，千萬別輕易嘗試三十呎的大浪一樣。

如果這本書裡頭所提到的故事讓你感到振奮不已，並且想要維持你自己的未來臨在感，那我們一定要繼續保持聯絡。如果你還沒有做《財富原動力》以及《財富光譜》測驗，那你應該趕快採取行動，並且一定要來參加《讓事業極速狂飆》活動跟我碰面。

未來的浪潮會不斷湧來。如果我們都已經決定要成為乘風破浪的那一群，那就讓我們結伴一起去衝浪吧！

致謝

我想感謝以下的人，他們在我創造一個精益求精的作品中給予我協助。如果沒有他們的協助，這本書可能無法出版：

雷娜特、凱瑟琳、泰瑞莎和路克——我完美的伴侶及孩子們。還有我新加坡團隊及過程中所有協助過我的人。

財富原動力系統

理查在他的旅途上遇到的每一位導師，都透過不同的路徑創造自己的財富。羅傑．漢彌頓於2000年開發的**《財富原動力》**系統中，詳細解說了這些不同路徑。世界各地已有超過80,000名企業家做過**《財富原動力》**測驗，藉此找到自己的財富之流。現在，輪到你了！

《財富原動力》提供了一個清楚易懂的系統，讓你可以得到：

❶. 清楚了解邁向成功阻力最小的路徑

❷. 知道自己屬於八種路徑中的哪一種，並詳列出可仿效的榜樣及其歷程

❸. 建立合適的團隊之六個步驟，以及如何專注於正確的活動

❹. 連結到企業的成長階段，對於領導接班給予清楚的方向

❺. 與國家、產業和生活方式的趨勢連結，讓你知道在何時，原來的失敗方程式會變成成功方程式

《財富原動力》是榮格心理分析的演化，成為和企業家相關的具體行動和想法動態。它可以追溯到領先西方心理測試2,500年的中國哲學裡的人格分類。

要了解更多關於**《財富原動力》**的介紹，可參考 http://www.youtube.com/user/ZRTVChannel 頻道，或至 http://wdtest.zero-resistance.com.tw/ 做線上測驗。

財富光譜系統

理查在整個旅程中，當意識層級改變時，他問的問題也改變了。羅傑·漢彌頓在他於2009年發展出的**《財富光譜》**系統中，就詳細解釋了這些財富意識的不同層級。

《財富光譜》透過給你以下資訊提供了一條強有力的逐步路徑，讓你的財富層級往上提升：

❶. 你目前的層級是在**《財富光譜》**九個層級中的哪一個。

❷. 你是怎麼到達這個層級的，以及如何跳出這個層級。

❸. 從一個層級移到下一個層級的關鍵三步驟。

❹. 為什麼大多數人都是因為問錯問題，或者在錯誤的時間採取錯誤的行動而被困住了。

❺. 透過一步一步的指引，明確地知道下一步該怎麼做。

❻. 提供適合你的層級的最佳書籍、導師和資源。

❼. 如何與所屬的**《財富原動力》**類別連結，以及每一個類型要如何透過阻力最小的路徑提升到一個新的層級。

《財富光譜》與**《財富原動力》**是系出同源，當中的九個層級源於牛頓在Optiks這本書，以及中國、日本、印度文化中度量光與意識層級的系統。

要更了解**《財富光譜》**，請參考http://www.youtube.com/user/ZRTVChannel 頻道或至http://ws.zredu.com.tw/做線上測驗。

7個步驟啟動你的瞬間致富密碼

《瞬間啟動財富力》讀者獨享── 數位課程（價值NT$3,200）

專家指出，一個習慣的養成需要21天的時間。

在您註冊這個免費課程的接下來21天內，每隔三天就會收到一段數位課程，引導並提醒您如何運用**《瞬間啟動財富力》**當中的29條致富原理，包括：

- ★ 如何產生能幫助自己聚焦的清楚「願景」
- ★ 如何重新規劃自己分配時間的方式
- ★ 如何調整自己使用與投資金錢的方式
- ★ 如何透過找到&專注在自己熱情上的方式，創造更大的價值
- ★ 如何盤點過去累積的資產，從中創造財富
- ★ 還有很多……

《瞬間啟動財富力》新書導讀會

【破解29條瞬間致富筆記】

時間：2013.02.19（二）晚上19：30～21：30

2013.02.28（四）下午14：00～16：00

參加方式：現場憑書免費入場．名額有限，請先上網訂位

http://goo.gl/9OnP3

好康再加碼：**《順流致富之道》數位影音課程（價值NT$1,200）**

除此之外，您還可以額外獲得**《順流致富之道》**數位影音課程，在這近**120分鐘**的課程間，您將能了解：

★ 世上所有高成就人士用來創造出驚人的個人成就與財富的八種「財富之流」，以及如何知道你自己最適合的是哪一種。

★ 八種財富之流各自的天賦能力所在，以及要怎樣才能發揮你的天賦強項，以最低阻力的方式創造你想要的財富。

★ 為什麼在了解自己的「財富之流」之前，「大量學習」不僅無法讓你成功，甚至可能成為你成功的最大障礙，以及你該優先把時間與金錢投資在學習什麼之上。

★ 讓你能在追求成功、創造財富的同時又能對這個世界帶來正面影響的「順流致富公式」。

★ 達成「順流致富」── 透過做自己有熱情的事創造想要的財富，同時為世界加添正面價值── 的方式的四大關鍵要素。

★ 為什麼了解自己目前處於《財富光譜》中的哪個層級，是讓你能以最快速度獲得成功的第一步。

★ 「財富光譜」分為哪九個層級、以及各個層級要繼續往上爬會需要注意些什麼

★ 如何以《財富原動力》及《財富光譜》為藍圖，規劃出自己事業／財富成功的最短路徑。還有很多……很多……

索取方式：請前往以下網址後輸入您的個人資訊即可

http://wink.zredu.info

我們改寫了書的定義

創辦人暨名譽董事長　王擎天
總經理暨總編輯　歐綾纖　　印製者　紘億印刷公司
出版總監　王寶玲

法人股東　華鴻創投、華利創投、和通國際、利通創投、創意創投、中國電視、中租迪和、仁寶電腦、台北富邦銀行、台灣工業銀行、國寶人壽、東元電機、凌陽科技(創投)、力麗集團、東捷資訊

◆台灣出版事業群　新北市中和區中山路2段366巷10號10樓
TEL：02-2248-7896
FAX：02-2248-7758

◆北京出版事業群　北京市東城區東直門東中街40號元嘉國際公寓A座820
TEL：86-10-64172733
FAX：86-10-64173011

◆北美出版事業群　4th Floor Harbour Centre P.O.Box613
GT George Town, Grand Cayman,
Cayman Island

◆倉儲及物流中心　新北市中和區中山路2段366巷10號3樓
TEL：02-8245-8786
FAX：02-8245-8718

國家圖書館出版品預行編目資料

瞬間啓動財富力 / 羅傑.漢彌頓著 ; 王莉莉、許耀仁編譯. — 初版. — 新北市 : 創見文化, 2013.02 面 ; 公分
譯自 : Wink and grow rich : a step by step guide to making a lot of money
ISBN 978-986-271-321-1 (平裝)

1.成功法 2.財富
177.2 102000784

瞬間啟動財富力

出 版 者 ▶ 創見文化
作　　者 ▶ 羅傑．漢彌頓
編　　譯 ▶ 王莉莉、許耀仁
品質總監 ▶ 王寶玲
總 編 輯 ▶ 歐綾纖
文字編輯 ▶ 蔡靜怡
美術設計 ▶ 蔡瑪麗

郵撥帳號 ▶ 50017206 采舍國際有限公司（郵撥購買，請另付一成郵資）
台灣出版中心 ▶ 新北市中和區中山路2段366巷10號10樓
電　　話 ▶（02）2248-7896　　　傳　　真 ▶（02）2248-7758
I S B N ▶ 978-986-127-321-1
出版日期 ▶ 2013年2月

全球華文國際市場總代理 ▶ 采舍國際
地　　址 ▶ 新北市中和區中山路2段366巷10號3樓
電　　話 ▶（02）8245-8786　　　傳　　真 ▶（02）8245-8718

新絲路網路書店
地　　址 ▶ 新北市中和區中山路2段366巷10號10樓
電　　話 ▶（02）8245-9896
網　　址 ▶ www.silkbook.com

線上pbook&ebook總代理 ▶ 全球華文聯合出版平台
地　　址 ▶ 新北市中和區中山路2段366巷10號10樓
主題討論區 ▶ www.silkbook.com/bookclub　●新絲路讀書會
紙本書平台 ▶ www.book4u.com.tw　●華文網網路書店
電子書下載 ▶ www.book4u.com.tw　●電子書中心(Acrobat Reader)

神奇的故事，等待著被揭曉。
那代表只有重複閱讀才能發現。
所以，請使用這個故事，如同你在灌溉一般。
你撒的水越多，你收成的越多。

請以這本書的內容為地圖，不斷地對這29條筆記
「思考它、寫下它、實踐它、檢視它」，
很快的，你的潛意識就會接受新的設定，
啟動神奇力量，讓各種需要的人、事、物等資源匯聚，
將你的財富水位提升到一個你意想不到的新層級！

現在就從這本書開始，你可以這麼做：

- 思考你在這本書中學到的道理。
- 利用這本學習筆記本，把心得用你自己的話記錄下來。
- 列出一些你能想到的行動項目並確實去執行。
- 記錄你採取行動之後碰到的狀況，並思考從中學到什麼。

第1條 ➡ 思考它、記下它、實踐它、檢視它

第2條 選擇你想要到達的層次

第3條 你所看見的，就會是你所得到的

第4條 開口詢問，你就會得到答案

第5條 學習是一項遊戲競賽

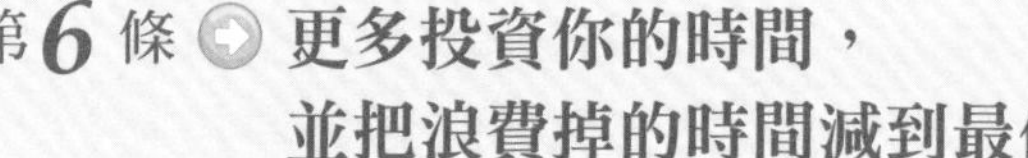

第6條 更多投資你的時間，並把浪費掉的時間減到最低

第7條 多把你的金錢用於投資，並把浪費掉的錢減到最少

第9條 財富是起點，不是終點

第10條 播種、栽培、收割

第11條 ➡ 熱情就是你的指南針

第12條 知道而不去做，等於不知道

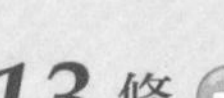

第13條  價值就是讓財富得以流動的河流

第14條 成為一個精益求精的人

第15條 ➡ 把失敗列於計畫中

第16條 ➡ 由樹林中看見樹木

第17條 機會存在於每一刻

第18條 槓桿借力的關鍵在於你如何運用它

第19條 ➡ 恆久持續的財富是隨著韻律節奏而來的

第20條 時間是你最寶貴的資產

第21條 協調一致是財富的基石

第22條 時間有四季更替

第23條 什麼時候做，跟做什麼一樣重要

第24條 當你進入共振時，就能累積財富

第25條 你設定的標準決定了你的人生

第26條 五星級的人生比二星級的人生更輕鬆寫意

第27條 你塑造的環境就是你的遊樂場

第28條 你做的種種選擇造就了你

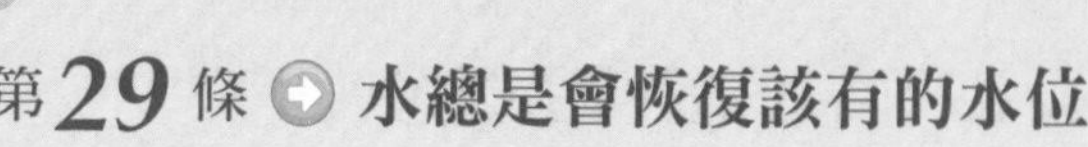

第29條 ➡ 水總是會恢復該有的水位

「宇宙中充滿了神奇的事物，耐心地等待讓我們變得更有智慧。」

——亞當・菲利蒲特